ALGER

Imprimerie de Ducessois, quai des Augustins, 55.

ALGER

DE SON OCCUPATION DEPUIS LA CONQUÊTE

EN 1830, JUSQU'AU MOMENT ACTUEL.

APPEL AU PUBLIC IMPARTIAL

PAR D'AUBIGNOSC,

EX-MEMBRE DE LA COMMISSION DE GOUVERNEMENT
ET LIEUTENANT GÉNERAL
DE POLICE.

PARIS,

CHEZ DELAUNAY, DENTU, AU PALAIS-ROYAL

ET TOUS LES MARCHANDS DE NOUVEAUTÉS.

—

Juillet 1836.

AVANT-PROPOS.

Aussi longtemps que M. le maréchal Clausel n'a usé et abusé de sa position élevée et des immenses moyens d'intrigues et de séduction qu'elle mettait à sa disposition, que pour tromper la France sur la situation de ses possessions en Afrique, imposer l'opinion de ses grands talents administratifs, et enrichir lui d'abord et par suite les instruments de ses manœuvres déprédatrices, je me suis borné à combattre un système dont les fatales conséquences m'avaient été révélées dès le moment de son débarquement à

Alger en 1830, et dont chaque jour, depuis cette époque, a constaté les funestes résultats.

Rien dans ma polémique, depuis six ans, n'a été directement hostile à M. le maréchal Clausel. Quelque vils et iniques qu'eussent été ses procédés à mon égard, et malgré le trouble qu'il avait jeté dans ma carrière, sans que je lui en eusse donné le moindre motif, je m'étais abstenu de l'attaquer personnellement. J'avais même loué sa ténacité à vouloir la conservation de la colonie, lui laissant tout le mérite de cette pensée populaire, sans en affaiblir l'effet pour l'indication des causes privées, égoïstes, antinationales qui en étaient l'âme.

Il est au-dessus de mes forces de persister dans ce rôle de modération : j'ai pu supporter l'injustice tant qu'elle n'affectait que mes intérêts matériels, je ne le puis plus du moment où, par de perfides insinuations, on s'attaque à mon honneur.

Le triomphe aveugle M. Clausel. De ce que le public égaré lui fait honneur de la décision obtenue en faveur de la conservation du territoire conquis, dans la session qui vient de finir, il se croit au-dessus de tous les ménagements humains. La France, l'opinion publique, les droits individuels ne sont rien pour lui.

Il regarde la colonie, dont on lui a si malheureusement

confié la gestion , comme sa propriété , et il en use avec l'arbitraire le plus révoltant.

La conspiration qu'il vient de créer avec tant d'astuce , et qui a trouvé quelque créance auprès des esprits super- ficiels, élève une question plus sérieuse qu'on ne l'a cru d'abord ; il importe d'examiner jusqu'à quel point il peut être permis à un dépositaire du pouvoir d'en user pour servir ses vanités, ses passions, ses vengeances.

C'est un fait lamentable que sous un gouvernement con- stitutionnel , après une révolution faite dans l'intérêt des droits publics et privés, et au milieu des susceptibilités prêtes à se soulever aux moindres écarts de l'autorité, on souffre les arrogantes prétentions d'un proconsul au delà des mers ; qu'on applaudisse à ses fautes, à ses excès , et que ce qui devrait éveiller la sévérité des lois, soit trans- formé en vertus civiles et guerrières.

C'est pourtant ce que l'on a vu depuis huit mois ; et les journaux indépendants ont pu se rendre complices de ce bouleversement de principes !

Rien n'est déloyal comme cette prétendue conspiration algérienne , jetée dans le public au secours d'une position qui s'affaiblissait. On s'est bien gardé de produire des preuves ; on a éloigné les victimes pour empêcher l'ex- plosion de la vérité , la justification des accusés , la confu- sion de leurs persécuteurs.

Et l'on prépare à Alger une ovation à celui qui a ourdi cette odieuse trame! lui-même se dispose à proclamer sa clémence, en déclarant que c'est pure générosité de sa part s'il ne les a pas livrés à la justice. IL NE L'EUT OSÉ, ET JE L'EN DÉFIE ENCORE.

Tant d'hypocrisie inspire plus de dégoût que les atrocités sanglantes de tyrans fameux par leurs crimes.

ALGER

APPEL AU PUBLIC IMPARTIAL.

PREMIÈRE PARTIE.

Détails sommaires sur l'occupation d'Alger depuis la conquête
jusqu'au moment actuel.

Je n'ai pas la prétention de faire revenir en ce moment
le public de l'étrange erreur où il est tombé relativement
aux questions algériennes : l'engouement irréfléchi des masses en faveur de l'homme qui a été si fatal aux établissements d'Afrique, est encore trop entier pour que l'autorité
des faits ne perde pas sa puissance devant des convictions
formées d'enthousiasme.

J'écris pour une époque qui ne saurait être éloignée, et
j'attends de la troisième apparition à Alger, de celui qu'une
ridicule flagornerie a fait nommer l'*homme-colonie*, la
sanction la plus complète de l'opinion que je vais émettre
sur sa personne, sur sa capacité, sur sa conduite.

Je vais montrer M. Clausel tel que je l'ai vu, tel que ses
actes le caractérisent, tel enfin qu'il apparaîtra aux yeux
les plus vulgaires, quand le prestige dont il a su s'enve-
lopper sera dissipé.

Mon examen ne portera que sur sa participation au gouvernement des possessions françaises du nord de l'Afrique. Quant à sa carrière antérieure, on pourra l'apprécier alors que les Mémoires du général Rochambeau verront le jour. Ce général commandait à Saint-Domingue en 1802, où M. Clausel servait sous lui. Il a été tué à la bataille de Leipsick ; sa correspondance avec le premier consul n'a donc pas été faite pour la circonstance actuelle.

Depuis six ans que je me suis dévoué à la défense de la colonie, ma conviction a toujours été intime sur les voies déplorables que l'on suivait dans la direction des affaires.

Je ne cessais d'avertir que l'on marchait à la ruine de cette acquisition ; qu'elle était régie dans des intérêts qui n'étaient point ceux de la France. J'ai prévu et prédit l'inutilité des efforts et des sacrifices dans cette ligne : mes prévisions ne se sont que trop réalisées.

En prenant cette mission, je n'avais en vue que le bien public ; nul motif personnel ne me guidait, je devais m'attendre au contraire à ce que cette noble résignation éloignerait de moi toute faveur, toute justice ; mes amis m'en ont souvent averti ; ma conscience l'a emporté sur leurs généreux conseils.

Et l'on a osé m'accuser, non ouvertement, mais par de lâches insinuations, de vouloir l'abandon d'Alger, alors que je sacrifiais mon temps, mon indispensable nécessaire et les derniers moments de ma longue carrière, à l'espoir de retirer mon pays de l'ornière où les plus sales intrigues le retiennent encore après six années de rudes leçons ! et l'on a donné à entendre que j'étais salarié par les indigènes pour écrire en leur faveur ; et l'on a insinué que j'étais complice d'une conspiration sans vraisemblance possible. Ah ! misérables !

Une justification m'est demandée : je la livre au public.

Je pouvais l'attendre du temps ; mais, si en le devançant, je contribue à rectifier un peu plus tôt les idées qui perpétuent les malheurs de l'Afrique, j'aurai acquis un droit de plus à l'estime des bons Français.

Il n'y a plus d'incertitude : la France conserve la possession d'Alger. La déclaration de M. le président du conseil et le vote intégral des allocations demandées pour 1837, donnent à ce fait toute la force qu'il pouvait recevoir de l'unanimité des vœux et des intentions.

Dans ce nouvel état des choses, la polémique redevient libre, et l'on pourra désormais se livrer à l'appréciation de la situation coloniale, sans crainte que les critiques les plus raisonnables soient taxées de tendances déguisées à l'abandon.

Dieu soit loué ! c'est une ère nouvelle qui s'ouvre pour les établissements français. Ils ne peuvent qu'y gagner.

L'esprit de parti a exercé deux fois, de la manière la plus fâcheuse comme la plus déraisonnable, une déplorable influence sur la question d'Alger.

A son origine, la pensée de l'expédition fut mal accueillie, le succès faiblement apprécié. On essaya de rapporter les lauriers à qui ils n'étaient pas dus.

Ce fut à peine si les vainqueurs osèrent avouer la part qu'ils avaient eu à la conquête. Toujours est-il que d'autres vinrent, après l'événement, sous la conduite de M. le général Clausel, recueillir une forte part des récompenses méritées par l'armée expéditionnaire. Il suffit, pour se convaincre de ce fait, de consulter les listes des promotions dans les grades militaires et dans la Légion d'honneur, faites dans les quatre mois qui suivirent l'occupation d'Alger.

Cette partialité de l'opinion n'eut qu'une cause : l'acquisition d'Alger avait été conçue et exécutée par le gouvernement qui a succombé dans la lutte de juillet 1830.

Après six ans de fluctuations, le sort de cette possession vient enfin d'être fixé. A cette seconde phase de la fortune de ce pays, l'esprit de parti lui a encore été fatal.

Dans les derniers débats de la chambre, il s'agissait moins de faire prononcer le gouvernement sur le fait de la conservation, dont le vœu public lui faisait une loi à laquelle il ne pouvait se soustraire, que de déterminer le mode de régie à suivre, pour réparer le passé et rendre l'avenir profitable à la France.

La préoccupation était telle, que l'on s'est contenté de la simple déclaration que l'acquisition était définitive. Sur le point capital de la question, on n'a obtenu que de vagues promesses d'améliorations, sans qu'aucun principe ait été posé.

Et la cause de cette inconséquence funeste, c'est que le parti doctrinaire est hautement intervenu dans le débat.

Ainsi, on acceptait avec regret une possession inappréciable, parce qu'on la devait aux Bourbons de la branche aînée ; et l'on a préféré livrer ses destinées au mauvais génie qui les a viciées pendant six ans, à voir des hommes impopulaires contribuer à redresser la situation.

En principe, j'admets les répugnances politiques, je les approuve, je les partage ; mais je les repousse en tant qu'elles s'exercent aux dépens de la chose publique.

De quelque part que vienne le bien, il doit être accueilli, et l'honneur doit en rester à ses auteurs, quels qu'ils soient.

Qu'on se rappelle les clameurs qui furent poussées, en 1814, contre ce roi de Sardaigne, qui voulait faire sauter

le beau pont de Turin et détruire les magnifiques communications à travers les Alpes, parce que ces monuments
étaient dus au génie créateur du grand homme. Les cris de
la presse française détournèrent cet acte de vandalisme.

Pourquoi, répudiant ce beau rôle de conservation, cette
même presse s'est-elle si longtemps prêtée à être l'écho des
impudentes assertions, qui ont faussé l'opinion publique sur
les questions algériennes ?

Cette condescendance s'explique à mes yeux, quant aux
journaux indépendants de toutes couleurs, par une circonstance dont j'apprécie toute la gravité. Jusqu'au discours
de M. le président du conseil et au vote du budget d'Alger
pour 1837, une idée absorbante a dominé les esprits. On
croyait à des projets d'abandon, et toutes les voix se réu-
nissaient pour en repousser jusqu'à la pensée.

Dans cette vue, il devenait essentiel d'écarter tout ce
qui pouvait fournir des armes à l'appui de ces projets. C'eût
été les servir que d'avouer les désastres coloniaux, l'ab-
surdité des voies en pratique, l'impossibilité d'améliorer la
situation sans un revirement entier dans le système gou-
vernemental d'Afrique.

Pour sauver l'édifice, que l'on voyait près de s'écrouler par
suite des vices de ses fondations, on s'est efforcé d'en cacher les défectuosités, de le représenter comme n'ayant
besoin que de quelques rectifications, et l'on a été jusqu'à
désigner l'architecte habile, pour qui cette restauration
serait une tâche facile.

Dans le délire de cette sollicitude, ce n'était pas assez,
pour quelques-uns, qu'on allouât à ce génie réparateur,
l'allocation entière des demandes posées par le gouvernement dans son projet de budget. *Qu'on lui accorde*, se
sont-ils écriés, *cinquante mille hommes et cinquante mil-*

lions. Comme c'eût été bien placé dans les mains qui ont tout ruiné jusqu'à ce jour ! ! !

Cet enthousiasme témoigne d'un sentiment intime de l'importance de la possession d'Alger, mais non de l'intelligence des procédés qui peuvent en assurer la conservation et en développer la prospérité.

Ce n'est point en prodiguant les hommes et les ressources que l'on atteindra ce double but, le bon emploi des allocations peut seul procurer les résultats après lesquels on court depuis six ans, et dont on est plus éloigné que jamais.

Alger est un pays qui n'a pas son analogue dans les diverses contrées exploitées successivement par les nations civilisées de l'Europe.

Ses habitants ne peuvent être comparés ni aux Indiens de l'un et l'autre hémisphère, ni aux sauvages de l'Amérique du Nord ou des îles de la mer du Sud.

La population de l'ex-régence ne formait pas un tout homogène au moment de l'invasion française, elle présentait trois classes d'hommes bien distinctes, au milieu desquelles se perdaient quelques variétés moins importantes, telles que la nation juive.

Ces trois classes étaient les Turcs, les Maures, les Arabes avec lesquels on peut confondre les Cabaïles.

Les Turcs, propriétaires viagers de la souveraineté du pays, sans racines dans le sol, perdirent cet apanage en perdant le pouvoir.

On en embarqua à Alger, pour être rendus à l'Asie d'où ils étaient venus, de deux mille à deux mille cinq cents, et il en resta un peu moins épars dans les autres villes ; dès ce moment, ils ne comptèrent plus comme un parti dans le pays.

Les Gongloglis, produits de l'union des Turcs avec les

filles des Maures, n'héritant pas des droits paternels, ne se distinguaient pas, dans l'ordre civil, de la caste maure à laquelle ils appartenaient par leurs mères.

La France, en occupant Alger, ne se trouva donc en présence que de deux populations distinctes : les Maures unis aux Congloglis qui habitaient les villes, et les Arabes qui vivaient dans les champs.

Les Turcs, en vidant le sol algérien, qu'ils possédaient en conquérants depuis près de trois siècles, emportaient tous les éléments de l'ordre civil et du régime militaire qu'ils y avaient fait régner avec eux.

Le code religieux survivait seul à cette retraite. Les villes restaient dépourvues de règlements civils et d'administration ; mais l'autorité des anciens conservait toute sa force dans les agglomérations de familles rurales.

C'est avec cette simplicité d'éléments qu'Alger passait sous la domination française.

Le code religieux qui, dans l'état primitif des sociétés, embrasse une foule de circonstances de la vie privée, conservant, comme on vient de le dire, toute sa virilité, il était naturel, il était nécessaire d'en faire la base du régime à substituer au système éteint par la conquête.

Ce fut ainsi qu'on jugea le pouvoir conquérant, et tous ses actes portèrent l'empreinte de cette nécessité.

On s'était présenté en Afrique en ennemis des Turcs et en amis des populations opprimées par leur domination. On venait affranchir celles-ci. Des proclamations en langue arabe, répandues par toutes les voies, le leur avaient annoncé ; et en les invitant à rester neutres pendant les hostilités, on leur promettait le maintien intégral de leurs droits, après la défaite de leurs oppresseurs.

Ces déclarations ne demeurèrent pas sans effet. Un grand nombre de tribus ne répondirent pas à l'appel du dey ;

d'autres ne vinrent que pour être témoins de la lutte, et les Maures d'Alger refusèrent de prendre les armes.

Aussi, après la destruction du fort de l'Empereur, qui amena la capitulation de la régence, ses sujets furent admis, concurremment avec les plénipotentiaires turcs, à stipuler leurs intérêts particuliers.

Par la transaction qui eut lieu le 4 juillet 1830, le respect envers les cultes, les mœurs, les usages, les propriétés, fut solennellement promis. Les signatures étaient à peine échangées, que les hostilités avaient cessé sur tous les points.

Les beys et les tribus convoqués par le dey pour la défense du territoire retournèrent dans leurs quartiers. Les Français occupèrent la capitale. Les Turcs y rentrèrent et y séjournèrent jusqu'à leur embarquement; et le général en chef put, à quelques jours de là, faire deux détachements pour prendre possession de Bone et d'Oran, sans que ces opérations rencontrassent le moindre obstacle.

La régence entière, quinze jours après, était en pleine voie de soumission. Le dey et ses troupes avaient quitté l'Afrique. Le bey de Titteri, le moins puissant des trois lieutenants gouverneurs territoriaux, avait fait sa soumission et reçu de nouveaux pouvoirs au nom de la France. Celui d'Oran avait admis une garnison française dans sa résidence. On occupait militairement Bone, la plus importante des places du beileik de Constantine.

Quant au bey de ce titre, il se retirait dans sa capitale, harcelé et rançonné par les tribus dont il traversait le territoire. Une combinaison, dont il sera parlé plus bas, devait bientôt faire passer son autorité dans des mains amies.

A Alger et banlieue, la tranquillité était assurée. On expédiait pour la France le trésor et une immense quantité de canons, de munitions et de matières, fruits de la conquête.

Au moment même de l'occupation, des mesures avaient été prises pour créer un ordre nouveau en remplacement de celui qu'une courte, mais décisive tourmente, avait fait disparaître.

Cependant, malgré l'urgence, on ne mit nulle précipitation dans ce travail. On consulta les souvenirs de l'Égypte ; on écouta les hommes qui avaient fait des études sur les peuples orientaux ; on ne dédaigna pas de consulter les indigènes.

Voici un sommaire des combinaisons provisoires écloses sous l'empire de ces précautions.

Une municipalité choisie parmi les notabilités locales fut instituée sous la direction d'un intendant français. On loua généralement le choix de l'élu. (M. Bruguière.)

La police fut organisée, et avec elle une garde de sûreté indigène, pour seconder la gendarmerie.

La nation juive fut soumise à une juridiction basée sur ses usages.

Les biens des veuves et des orphelins, que le départ des Turcs allait multiplier, furent confiés à une procuration dite des *biens vacants*.

On forma un comité d'hommes jouissant de la vénération publique, pour la manutention des fondations pieuses.

Un dispensaire de santé fut institué dans l'intérêt combiné de l'armée et des habitants.

Voilà pour la partie civile. L'état-major, l'intendance militaire, l'artillerie, le génie, le service de santé, déployèrent, en ce qui les concernait, une égale intelligence.

L'ordre naissait du chaos, et l'on marchait rapidement vers une organisation centrale, qui se fût étendue de proche en proche au dehors, lorsque la nouvelle des événements de juillet vint suspendre l'impulsion si vivement développée dans les premiers jours de la possession.

Jusque-là rien de positif n'avait encore été articulé sur le sort réservé au pays échu à la France par la victoire.

L'armée expéditionnaire avait eu la mission de venger l'honneur français, de chasser le dey et ses satellites, de détruire la piraterie et de rendre la sécurité au commerce maritime de la chrétienté.

Elle avait dignement et complétement rempli cette glorieuse tâche, et le trésor dont elle s'était saisi couvrait et au delà les frais des armements.

Là finissait sa mission connue. On ne savait si la France garderait sa conquête, si elle serait restituée au sultan, ou si l'on en disposerait de toute autre manière. Le dernier gouvernement ne s'était pas expliqué à ce sujet, et celui qui lui succédait pouvait avoir des vues différentes de celles de son prédécesseur.

Dans cette incertitude, qui avait commencé avec l'occupation, et que les événements récents venaient augmenter, la première administration avait dû se borner à donner au pays les règlements d'ordre public les plus indispensables, afin que rien ne devînt obstacle aux projets qui se dévoileraient plus tard.

Il avait surtout paru essentiel de ménager dans les actes provisoires les susceptibilités et les préjugés des indigènes, de manière à conserver entière la soumission obtenue par l'éclat des armes.

Cette politique et ce système de modération eurent un entier succès, et le général qui avait conquis le pays put le livrer à son successeur exempt d'embarras et disposé à recevoir les plus utiles semences.

Voilà des faits sur lesquels j'appelle sans crainte la plus

sévère investigation. Je l'invoque même de la part des indigènes que l'on se garderait bien d'admettre dans la discussion des faits postérieurs à cette époque.

Les gens dont la conduite contraste si fort avec la régu-
larité, la bonne foi, la sagesse, déployées par la première
administration d'Alger, désespérant de parvenir à lui trouver des torts, se sont avisés, un peu tard, de lui faire un
crime du renvoi des Turcs en Asie.

On a profité d'une séance extraordinaire accordée à
l'examen des pétitions pour essayer de paralyser l'effet que
pouvait produire la première des lettres que j'avais eu
l'honneur d'adresser à la chambre, au sujet des affaires
d'Alger, pendant la session qui vient de finir.

On a donné à cette lettre le caractère d'une pétition; on
l'a *sérieusement* rapportée, en ne disant qu'un mot insi-
gnifiant de son contenu; mais on y a malicieusement rat-
taché le reproche fait à la mesure du renvoi des Turcs, en
me l'attribuant personnellement.

J'ai d'abord et très-naturellement décliné l'influence pro-
digieuse que l'on voulait bien m'attribuer dans une armée
où j'étais inconnu. C'était en effet l'estimer bien haut, que
de la dire suffisante pour emporter d'emblée une décision
de cette importance.

J'aurais pu encore rappeler qu'en 1834 M. le maréchal
Clausel me faisait représenter, par ses organes dévoués,
comme un simple employé de police à Alger, incapable,
dans cette humble position, de pouvoir apprécier ce qui
s'y passait. Mais qu'est-ce qu'une contradiction de plus
pour celui qui en est si fécond!

J'ai, il est vrai, concouru à l'embarquement des Turcs,
avec MM. le général commandant la place et le colonel
grand prévôt de l'armée; je le devais comme chargé de la
haute police,

Mais j'ai déclaré, et je le répète tout haut, que, si j'eusse pu prévoir ce qui s'est passé plus tard sous la seconde administration, et notamment les spoliations, avec circonstances hideuses, exercées à Tlémécen sur les Congloglis, *nos amis*, qui nous invoquaient et que nous allions secourir contre Abdelkader, non-seulement j'eusse sollicité la mesure qu'on a voulu m'imputer, mais que je me glorifierais aujourd'hui de l'avoir obtenue.

Ce renvoi au reste était très-politique. Les Turcs régnaient à Alger depuis deux siècles et demi; ils avaient des richesses, des affiliations, des amis; les préjugés et la conformité des cultes leur assuraient de nombreux partisans contre les chrétiens.

Ils auraient gêné la soumission des indigènes et balancé l'influence du vainqueur. Ils pouvaient entretenir un noyau de résistance et servir de point de ralliement dans une révolte. Ces considérations prévalurent dans le conseil de guerre et déterminèrent leur déportation.

Mais, en partant, ils emportaient leurs richesses? A présent je vous conçois. J'entends vos regrets, et je juge par le parti que vous avez tiré du bey retardataire d'Oran, venu à Alger sous la seconde administration, combien vous avez dû gémir de n'avoir pu opérer sur les déportés, comme vous l'avez fait sur celui-ci.

Ce bey a remis à Sidi-Hambden, pour qu'il le rendît public en France, l'état des sommes par lesquelles il avait obtenu, en passant à Alger, la faculté d'aller mourir en Orient, bien que les capitulations et des promesses dont on avait été prodigue pour l'attirer, le protégeassent.

M. le maréchal Clausel, à qui le bey avait envoyé mille quadruples le jour de son arrivée, lui en fit demander encore autant le lendemain.

C'était un fait connu à Alger, mais Sidi-Hambden, conformément au vœu du bey, l'a rendu public en France, par la brochure qu'il a publiée à Paris en 1833. Faut-il s'étonner si on tyrannise sa famille à Alger! Quant à lui, on l'a ruiné ; c'est déjà une petite satisfaction.

Deux choses me confondent dans tout cela et prêtent à de singulières réflexions : d'une part, que des faits aussi graves ne soient pas même recherchés ; d'autre part, que l'on montre tant d'assurance avant de s'être lavé de semblables taches.

Je dois placer ici un fait qui se rattache à une mission que j'ai remplie à Tunis, avant, mais dans l'intérêt de l'expédition d'Alger. Ce fait s'annonçait avec toutes les chances possibles de succès ; elles se sont évanouies sous l'administration de M. le général Clausel.

Des instructions vagues, mais par cela même très-étendues, m'avaient été données en avril 1830.

Quand je fus envoyé à Tunis, pour vérifier ou recueillir des renseignements utiles sur le projet d'attaque sur Alger, arrêté par le gouvernement de cette époque. « Portez vos recherches, m'avait dit M. le ministre de la » guerre, sur tout sujet qui se rattachera d'une manière » quelconque au succès de l'expédition. »

Dans la première conférence que j'eus, à mon arrivée dans cette ville, avec M. de Lesseps, chargé d'affaires et consul général de France, il me dit : « Nous avons ici » un homme qui a du penchant pour notre pays. C'est » Sidi-Mustapha, frère du bey régnant. (Il a succédé à ce » frère en 1834.) Ses droits l'appellent au trône à la mort » du bey, mais il a un fils à pourvoir. Si, à la suite de la » prise d'Alger, il s'opère quelque combinaison territoriale, » il serait avantageux pour nous que le général en chef » songeât à Sidi-Mustapha, soit pour lui-même, soit pour » son fils. »

Cette idée me frappa. Ce prince parcourait en ce moment le beilick, à la tête des troupes de son frère, pour faire rentrer des tributs arriérés; je ne pûs le voir.

A son défaut, je cherchai et je découvris l'homme qui avait sa confiance. C'est à de pareils intermédiaires qu'il faut toujours s'adresser en Orient quand on doit traiter avec des grands, d'affaires qui les intéressent.

Le résultat de nos conférences, que cet agent se chargeait de faire goûter par son maître, et que j'avais l'espoir de faire adopter de mon côté par le général en chef, portait que Sidi-Mustapha recevrait et tiendrait de la France l'investiture de Constantine. Il s'engageait à en faire la conquête à la tête de ses troupes, secondées par une démonstration des troupes françaises du côté de Bone.

Le commerce exclusif de son nouvel apanage, la disposition de deux ports ou rades au choix de la France et un tribut annuel évalué à un million, constituaient les conditions qu'il consentait en échange de son établissement.

Ce plan, qui amenait tout d'un coup la pacification d'une moitié du territoire de l'ex-régence et en livrait la jouissance immédiate au commerce national, permettait en outre de reporter toute l'attention et toutes les ressources disponibles sur les autres parties des domaines conquis.

Il fut goûté par M. le maréchal Bourmont, à qui j'eus l'honneur de le soumettre à Sidi-Ferruch. Il y donna un commencement d'exécution, en faisant occuper Bone par le général Damremont, trois jours après l'entrée dans Alger. Mais les événements survenus en France le forcèrent bientôt à rappeler ce détachement, et le projet parut abandonné.

Je le repris auprès de M. le général Clausel, qui en saisit l'idée avec avidité. Il me le demanda par écrit, et, une heure après l'avoir reçu, il me répondait (10 septembre 1830) :

Monsieur, j'ai lu avec intérêt , et deux fois de suite, le rapport que vous m'avez fait l'honneur de m'adresser. J'aurai celui de vous dire ce que j'en pense la première fois que je vous verrai.

Ce qu'il m'en dit, c'est qu'il me chargerait d'aller à Tunis pour en presser l'exécution. Mais il avait immédiatement fait partir un affidé pour cette destination. Celui-ci, neuf dans les usages de l'Orient, et ne sachant pas d'ailleurs avec qui les premières bases avaient été posées, s'adressa au ministre de la marine du bey.

C'était de l'hébreu pour cet ancien patron de barques, et même pour ses collègues, qui ne savaient pas le premier mot de cette affaire. Il fallut la recommencer, et les moindres torts de cette nouvelle négociation furent d'avoir perdu le caractère précieux de l'à-propos, et d'être devenue aussi impraticable dans l'exécution qu'inconvenante et injurieuse pour la France.

Il était naturel que la maison de Tunis trouvât à sa convenance d'étendre son influence sur un territoire adhérent à ses possessions. L'occupation était facile dans l'état de confusion où l'expulsion du dey avait jeté ses états. Achmed , bey titulaire de Constantine, n'avait pas eu le temps de raffermir son pouvoir ; il était contesté par ses administrés. Les troupes de Tunis, appuyées par une diversion des nôtres, l'eussent aisément expulsé.

Le gouvernement français trouvait dans la garantie du bey de Tunis, l'assurance du maintien des engagements pris par un prince de son sang.

Quel nom donner à la même mesure étendue, comme le fit M. Clausel au beilick d'Oran, situé à cent cinquante lieues des frontières de Tunis? Comment le bey de ce dernier titre eût-il pu fournir à cette conquête et à cette distance, veiller au maintien de celui de ses princes qu'il y aurait envoyé.

N'était-ce pas d'ailleurs une humiliation pour la France d'avoir flanqué, à droite et à gauche, ce qu'elle aurait gardé, en Afrique, de vassaux d'une petite puissance? de s'être, pour ainsi dire, mis sous leur protection?

L'idée était au moins singulière.

A mon retour en France, M. le maréchal duc de Dalmatie avait voulu m'entendre sur la situation où j'avais laissé Alger, et sur l'ensemble des opérations antérieures à mon départ.

J'avais été amené, par mon récit, à lui parler du plan de Tunis. L'idée m'en appartenait ; et M. le général Clausel, en m'excluant de l'exécution, m'en avait rendu la propriété.

Quand, plus tard, le gouverneur d'Afrique soumit au ministre de la guerre le malencontreux traité qu'il avait passé avec la régence de Tunis, M. le duc de Dalmatie en reconnut de suite l'inconvenance, et n'y retrouva plus, sous le rapport du subside annuel, les bases arrêtées dans les négociations primitives.

Le traité ne fut pas approuvé. Le bey, obligé de retirer les troupes qu'il avait déjà envoyées à Oran, en fut pour la dépense que ce déplacement avait exigée, et pour d'autres frais avancés par provision, lesquels ne figuraient pas dans le marché patent.

Il se plaignit, menaça ; on l'apaisa on ne sait comment.

Suivant l'usage, d'après les insinuations qui vinrent d'Afrique, on accusa le gouvernement de n'avoir pas voulu, *en haine d'Alger*, ratifier ce chef-d'œuvre diplomatique. Jamais peut-être le ministère n'avait eu plus de motifs patents et secrets d'agir comme il le fit. On aurait dû plus tôt lui savoir gré d'avoir sauvé la considération française sacrifiée à un vil tripotage.

Quelque piteux qu'eût été le dénouement de cette affaire, M. le général Clausel ne put résister à la petite gloriole de s'en attribuer la première pensée. Il le dit à ses entours, l'imprima dans son premier compte rendu, et il devint de mode de lui faire honneur d'une combinaison précieuse qu'il avait eu l'art de faire échouer.

On a vu, par les détails que je viens de donner et que je puis justifier pièces en main, s'il était fondé dans sa prétention. Qu'on l'excuse ; c'est un genre de peccadille auquel il se laisse souvent entraîner. Sa verve créatrice, que ses flatteurs louent à l'envi, étant malheureusement improductive, a besoin d'emprunts pour soutenir le renom qu'on lui a donné.

Il m'en a fait souvent des emprunts. Je ne m'en plaindrais pas, s'il savait les féconder; mais je voudrais au moins, et ce ne serait pas trop exiger, qu'il ne tournât pas en ridicule, faute de les comprendre, des idées qu'il s'approprie ensuite quand elles peuvent servir ses vues.

A une époque où l'engouement pour Abdel-Kader ne connaissait plus de bornes, je me récriais sans cesse dans le *Messager* contre cette tendance dont le danger m'était révélé par mes études sur l'Orient, où apparaissent de temps à autre des chef de partis qui finissent souvent par se rendre redoutables.

J'écrivais un an avant l'affaire de la Machta : « Ne trai- » tez qu'avec les populations, et jamais avec les chefs. Evi- » tez de donner de l'influence aux individus : ils s'en ser- » vent pour s'élever au-dessus de leurs rivaux, et, dès » qu'ils ont grandi, ils tournent contre vous la force qu'ils » vous doivent. »

J'établissais en principe qu'il ne fallait jamais déléguer

le pouvoir à un homme seul, parce qu'il pouvait être gagné. « Instituez plutôt, ajoutais-je, des régences, des » conseils, des municipalités. Les membres d'un corps se » jalousent, se surveillent mutuellement, et un ennemi » qui est assez riche pour acheter un traître, ne l'est pas » assez pour gagner toute une corporation. »

M. le maréchal professait d'autres principes. Sa marotte était d'instituer des beys. Il en a été toujours prodigue, surtout dans son dernier voyage.

Par un revirement qui ne me surprend pas, il est tout récemment revenu à mon système. C'est lui qui dit aujourd'hui : *Il ne faut jamais traiter avec les chefs.*

Je vois avec plaisir ce retour à un principe raisonnable ; j'ai encore à le féliciter sur une autre conversion.

Au nombre des établissements utiles et d'une facile implantation que j'avais préparés pour le cas où je serais consulté sur la question d'Afrique, j'avais pensé à la création d'une caisse d'épargne.

Mes motifs, que je consignais dans le *Messager*, il y a dix-huit ou vingt mois, étaient fort simples. D'abord, en ne considérant cette institution que dans l'intérêt des colons et de l'armée, elle était morale et d'une bonne prévoyance, puisqu'elle fournissait à la population européenne les moyens de s'assurer des ressources pour l'avenir, en arrachant ses économies à la dissipation.

Cet exemple eût été bientôt suivi par les indigènes qui n'ont de ressources pour conserver, que l enfouissement de leurs écus, et que le prêt sur gage pour les faire valoir.

Cette pensée fut tournée en ridicule par un de ces olibrius à la suite du maréchal, qui inondèrent naguère Paris de leurs tableaux sur la prospérité de la colonie. *Il est précieux avec sa caisse d'épargne*, disait un de ces complaisants, *de croire qu'avec cette recette il pacifiera l'ex-régence*. Et non, brave homme, ce n'était pas là ce que je prétendais ; mais il était évident qu'outre l'utilité incontestable de cette création, le séjour des capitaux des indigènes dans une caisse française était une garantie de plus de leur soumission.

Il faut pourtant que M. le maréchal Clausel l'ait jugé ainsi, car les journaux ont retenti, il y a quelques mois, de la correspondance qu'il a ouverte avec l'honorable M. Benjamin Delessert, dans l'objet d'introduire en Afrique la bienfaisante mesure des caisses d'épargne.

J'avais préparé d'autres idées d'un effet tout aussi certain et dont l'introduction à Alger n'eût pas donné plus d'embarras, et je me proposais d'en faire hommage à M. le général Berthezène. Les chagrins domestiques qui l'assaillirent au moment de son départ, mirent obstacle à ce qu'il pût s'occuper à Paris de la mission à laquelle il se dévouait par pure déférence aux ordres directs du roi.

Je les aurais également offertes à M. le comte d'Erlon, si, comme il en avait été question, il m'avait appelé auprès de lui.

Ces vues rationnelles, dont l'une surtout eût été, à l'égard des hommes, ce que les caisses d'épargne seraient pour les écus, auraient remplacé ce système de violence et d'expédition dont on éprouve les cruels effets, et, sous ce double rapport, elles fussent rentrées dans l'ordre des principes d'équité qui ont marqué le passage de ces deux gouvernements.

Comment faire de telles propositions aux fauteurs du régime du sabre, devant lequel la France verra fondre son or, ses ressources, sa considération ! Je n'ai pu m'y décider. J'attendrai, pour les produire, qu'on soit revenu à des principes plus sains.

DEUXIÈME PARTIE.

Je ne me suis occupé jusqu'à présent que d'une époque dans laquelle j'étais partie active, par ma double qualité de membre de la commission du gouvernement et de lieutenant général de police.

J'entre en ce moment dans une nouvelle série de faits, celle dont je n'ai été que témoin, pendant une prolongation d'environ deux mois de séjour à Alger.

Après mon retour en France, c'est de Paris que j'ai suivi les événements qui se passaient en Afrique. Mes informations ont cependant été plus exactes que si je fusse demeuré sur les lieux, par l'attention constante de chercher la confirmation des faits rapportés dans mes correspondances, en interrogeant les personnes qui revenaient d'Alger.

Toutes, sans s'être entendues, m'ont donné, et souvent avec des circonstances nouvelles, les faits sur lesquels je désirais avoir leur avis.

Mais, me dira-t-on, pourquoi ce silence obstiné de leur

part en face du public et vis-à-vis du gouvernement ?
Chacun peut faire la réponse. Pour moi, je la trouve dans
la peur chez quelques-uns , dans un sentiment de convenance mal digéré chez d'autres, dans une apathique indif-
férence chez le plus grand nombre.

Après la révolution de juillet, M. le général Clausel
vint prendre le gouvernement d'Alger ; il était accompagné
d'un nombreux état-major militaire et d'une douzaine
d'employés civils.

C'était avec ceux-ci qu'il se proposait d'administrer
l'admirable acquisition que la France lui confiait, et ils
devinrent en effet les principaux agents de ce système à
jamais déplorable qui a faussé les plus légitimes espérances.

On ne pouvait avoir fait de plus tristes choix, surtout
sous le rapport de la capacité des élus. C'était là un premier démenti donné à celle du chef, qui allait s'appuyer
sur de semblables éléments.

Le soir même de son débarquement, M. le général
Clausel me fit l'honneur de m'appeler auprès de lui. Je ne
fus nullement surpris de son ignorance extrême sur le pays
et sur les populations qu'il était appelé à administrer.
Alger était ignoré et l'est encore, malgré tout ce qui a été
dit et écrit à ce sujet.

Mais l'absence totale de vues, la jactance et la suffisance
que je démêlai dans le nouveau gouverneur, me confon-
dirent et me firent augurer que jamais Alger ne prospére-
rait sous une semblable direction. Cette conviction anti-
cipée m'est malheureusement acquise par les faits ac-
complis.

La première obligation imposée au nouveau gouverneur

dut être bien pénible pour un vétéran de l'Empire ; il s'était chargé de mettre en prévention une armée couverte de lauriers, elle venait de venger l'honneur de son pays, de le d ter de la plus précieuse acquisition et de rendre la sécurité au commerce de la chrétienté.

Au moins allait-il confier une investigation aussi délicate à des hommes d'une vertu éprouvée, d'une intelligence notoire et de précédents qui imprimassent quelque autorité aux décisions qui émaneraient de leur réunion?

La surprise fut extrême quand on vit cette commission d'enquête prise dans l'entourage venu à la suite du général. On se demanda, avec le dernier dégoût, comme l'a justement dit l'incorruptible général Berthezène, *Qui sont-ils? d'où sortent-ils?*

Il suffit, pour faire apprécier ces juges suprêmes de la conduite des vainqueurs d'Alger, de savoir qu'un d'entre eux, quelques jours après son entrée dans des fonctions importantes, était forcé, par décision de son protecteur, sur la dénonciation de la municipalité, transmise au général en chef par son aide de camp Sol, de regorger dans la caisse municipale une partie du produit d'une saisie faite sur un Maure de la banlieue. Ce qui fut remarqué, c'est qu'il garda le surplus de la somme et la *place de confiance* dont il venait de faire un si coupable abus.

Un autre de ces commissaires vient de subir une condamnation à l'amende et à un an de prison, pour son obstination à suivre un projet d'escroquerie, médité alors qu'il exerçait ses fonctions de juges. La cour royale de Paris et la cour de cassation ont confirmé ce jugement. Le condamné était l'orateur et le grand faiseur de la commission d'enquête.

Et c'était à de tels hommes qu'était remis le soin de juger les conquérants d'un pays qu'ils brûlaient d'exploiter pour leur compte ! et c'était de M. Clausel qu'ils tenaient cette mission !

Un nouveau scandale devait bientôt faire pâlir celui-ci, tout monstrueux qu'il fût.

La Légion d'honneur, cette étoile qui pendant longtemps ne décora que des poitrines dignes de la porter, et dont il a été fait depuis un si étrange abus, était destinée à recevoir en Afrique un outrage de nature à la décréditer à jamais parmi les peuples orientaux.

Le premier et le seul indigène qui en fut pourvu, pendant la première mission de M. le maréchal Clausel, fut un juif; un juif décrié parmi les juifs. Il l'exigea et l'obtint comme prime d'un tripotage d'argent.

Ce juif fut ensuite l'instrument dont se servit Abdel-Kader pour tromper la France.

Ce fut lui qui, profitant de l'ignorance où était le général Desmichels de la langue arabe, favorisa la conclusion du traité, dans lequel le rebelle se plaçait au niveau du vainqueur.

Dans le document original destiné à rester dans les mains d'Abdel-Kader, l'émir prenait la qualité de *prince des croyants* qui l'assimilait aux califes, et, dans l'esprit des peuples orientaux, le plaçait au-dessus du roi des Français.

L'indignation fut au comble chez les indigènes, quand ces faits furent connus. Le juif osa s'insurger contre l'opinion publique; il prétendit qu'il comptait des ministres des deys parmi ses auteurs.

Toi, misérable ! lui cria-t-on de toute part. Un homme de ton nom a effectivement capté un instant, au commencement du siècle actuel, la confiance d'un dey d'Alger; mais il en abusa au point de rendre une vengeance éclatante, indispensable pour l'honneur du prince, pour les prérogatives de l'islamisme, pour la juste satisfaction de toute la contrée.

Un janissaire vénéré de tous se chargea de la vindicte publique. Il vint trouver le juif dans un café, où cet homme posait tous les jours, en quittant le palais, pour recevoir les hommages auxquels il prétendait.

Le janissaire s'avança gravement, déchargea sur lui un pistolet à bout portant, et se retira avec la même tranquillité, sans avoir prononcé une parole.

De retour à son quartier, ses camarades se constituèrent ses gardes. Les ministres, les muftis, les notables, toute la population, vinrent le visiter et lui exprimer leur reconnaissance.

Le dey fut impuissant à venger la mort de ce vil favori.

Il fut même contraint à donner une somme considérable au janissaire, qui repartit pour son pays.

Quel discernement dans l'emploi du descendant de ce juif! quel dévergondage dans le choix de la récompense pour un service occulte!

Cette aventure du juif est postérieure à l'existence de la commission d'enquête. Soit que ses membres se rendissent justice sur le ridicule de leur position, soit que la démangeaison de mettre la main à la pâte dans les emplois qu'ils s'étaient fait donner, fut plus forte que la vaine gloriole de poser comme arbitres de l'honneur des conquérants, l'enquête fut bientôt terminée, et un verdict d'acquittement vint clore cette parade.

C'est de l'invasion des emplois civils par les commissaires que datent les désastres de la colonie. Étrangers aux fonctions qu'on leur déléguait, bien plus encore aux populations sur lesquelles ils allaient avoir action; sans portée dans l'esprit pour apprécier leur nouvelle situation, assaillis de misère et de cupidité, ils marchèrent d'erreurs en erreurs.

Les intérêts des indigènes, garantis par le droit des gens et par les capitulations, méconnus dans tous les actes de ces brouillons, commencèrent la désaffection envers la France, et provoquèrent la résistance sourde des citadins que la première administration avait mis tant de soins à ménager.

Je n'attaquerai pas les individus par des faits personnels, quelque droit que leur conduite à mon égard m'en ait donné ; mais il m'est permis, et mon sujet m'en fait un besoin, de faire apprécier, par des actes publics, les auxiliaires que M. le général Clausel s'était donnés pour asseoir et faire chérir la domination française en Afrique.

Au jour de l'occupation d'Alger, lorsqu'une commission de gouvernement fut instituée pour présider à l'organisation provisoire du pays, chacun de ses membres fut investi d'une juridiction spéciale. La direction de la police m'échut en partage.

Ce mot de *police* est toujours mal compris. On le résume en attributions matérielles d'ordre public et en répression de crimes et de délits vulgaires contre la société.

Il y a erreur complète dans cette définition. Les fonctions matérielles partout, excepté dans Paris, appartiennent au régime municipal, et la connaissance des crimes et délits est du ressort des tribunaux.

Ce n'était point de cette police dont j'avais été chargé, avec le titre de lieutenant général de police, mais bien de la *haute police* ou *police d'état*, qui seule pouvait aider aux grandes vues de pacification et d'assiette de la puissance française dans le pays conquis.

Ma mission, bien comprise par le général en chef qui

me l'avait confiée, avait pour objet d'étudier l'esprit, les besoins, les tendances des populations;

Les nuances d'intérêts, les liaisons, les inimitiés qui régnaient entre les différentes castes;

Le caractère et les ressources des chefs influents;

D'ouvrir des relations avec ces chefs isolément et en même temps avec leurs subordonnés;

De rallier, par toutes les voies, des partisans au nouveau régime;

De pénétrer les projets hostiles de l'ennemi, soit pour les déjouer, soit pour n'être pas pris au dépourvu;

En un mot, de seconder, par une action continuelle sur les indigènes, les efforts de l'autorité tendant à mériter, au régime français, la préférence sur la tyrannie qu'il allait remplacer.

Je ne dirai pas quels progrès j'avais fait, en six semaines d'exercice de mes fonctions, dans ces voies rationnelles. Les semences en étaient à peine jetées. Mais je puis faire remarquer que ce programme n'était ni celui du septuagénaire, qui arrivait de Paris avec le titre de commissaire général de police, ni celui de l'autorité dont il allait relever.

Ce brave homme, transplanté en Afrique à un âge où le repos est si précieux, devait être bien surpris de devoir débuter à son âge, dans des circonstances aussi délicates, au milieu de populations qui lui étaient totalement inconnues.

Doué d'une santé que la simplicité de ses idées tendait à entretenir dans un état florissant, il n'aperçut que la partie matérielle de sa mission. Il songea d'abord à la propreté des rues, lesquelles étaient fort sales, parce que la municipalité, que leur entretien regardait, n'avait pas eu jusque-là de fonds à y consacrer.

Par une coïncidence singulière, la veille de l'installation du débutant, on avait mis à la disposition de ce corps, les deux seuls revenus qui eussent survécu au gouvernement turc, une manière d'octroi en nature et le produit de la vente du sel.

La ville put dès lors affecter quelques fonds au nettoiement de la voie publique, et, par une galanterie très-naturelle, elle porta ses premiers soins sur un balayage extraordinaire aux abords du palais du gouvernement.

Cette vue, le lendemain, fit un effet magique sur le sieur Germon, gendre du commissaire général de police, et devenu, en ce moment, commissaire de police et cheville ouvrière des actes secrets de M. le maréchal Clausel. Dans son enthousiasme, dont le souvenir me réjouit encore, il s'écria : *Vous le voyez, beau-père*, il fallait que vous vinssiez de Paris, pour que les rues d'Alger connussent la propreté.

Malgré ce début éclatant, on trouva au bout de huit jours ces occupations de police au-dessus des forces du beau-père, et on le nomma président du tribunal de police correctionnelle.

La métamorphose se fit vraisemblement sans qu'on l'eût consulté, car ce nouveau poste exigeait à coup sûr des connaissances bien autrement précises que celui dont on le soulageait.

Quoi qu'il en soit, voici une anecdote que je retrouve dans une lettre écrite peu de temps après mon départ d'Afrique. Elle est d'un esprit observateur qui a recueilli de précieux documents pendant son séjour à Alger. Le public ne tardera pas à en jouir.

Un forçat gracié avait obtenu sa libération, sous la condition qu'il quitterait la France et irait vivre au Sénégal ; il préféra se glisser à Alger.

Sans argent, sans état, sans crédit, que pouvait-il faire? Il avait du jargon, il se transforma en défenseur officieux près des tribunaux. Nulle avance de fonds n'était nécessaire pour débuter dans cette carrière.

Une cause lui est confiée. Il paraît devant la police correctionnelle, vis-à-vis d'un adversaire qui, ayant travaillé dans une étude à Paris, y avait pris quelque habitude de la procédure et retenu divers textes de décisions judiciaires.

La nature de sa cause conduisit celui-ci à citer à l'appui des droits de son client, un arrêt de la cour royale de Paris qui lui était favorable.

Ce fut au tour de l'avocat-forçat de répondre. Il n'avait pas, comme son adversaire, des arrêts à produire; il trouva plus simple d'en combattre l'autorité.

« Messieurs, dit-il au tribunal, on s'appuie devant
» vous sur un arrêt de la cour royale de Paris; mais on
» ne vous dit pas que la cour de cassation casse et annule
» ces actes par milliers. Et l'on voudrait que de tels arrêts
» fixassent votre jurisprudence? Ah! messieurs, rendez-
» vous plus de justice. Rappelez-vous qu'aucune de vos
» décisions n'a encore subi l'affront d'être annulée par la
» cour suprême. »

Il gagna sa cause.

On m'a raconté que M. Laurence, commissaire délégué pour l'organisation de la justice en Afrique, et qui a sévèrement flétri les abus venus à sa connaissance, a beaucoup ri de cette aventure, dont on l'a régalé à son premier voyage.

Je ne ferai pas au président du tribunal de police correctionnel un crime des bévues qu'on lui reproche. Il s'est prêté à ce qu'on a exigé de lui. Le blâme appartient à ceux qui lui ont demandé une besogne au-dessus de ses facultés.

Les autres parties du service public ne furent ni mieux comprises ni mieux conduites que la police correction- nelle.

La première administration avait posé quelques bases dont il importait de ne point s'écarter. Elles reposaient, comme on l'a vu plus haut, sur le droit des gens et sur la lettre des capitulations. En outre, elles étaient en harmo- nie avec le code religieux, la seule institution qui eût sur- nagé à l'extinction du gouvernement turc.

Tout ce qui avait encore vie dans l'organisation sociale et devait être protégé dans les institutions locales, se ré- sumait dans ces deux points: respect aux cultes, aux fonda- tions, aux mœurs, aux usages; respect aux propriétés.

Ce furent précisément les premières bases attaquées et ruinées. On commença par les fondations pieuses, on finit par les propriétés privées.

L'agent du trésor prit possession des revenus des pau- vres; des mosquées furent livrées à la spéculation pour servir de magasins; les tombeaux furent profanés; les bri- ques et les marbres employés en bâtisses nouvelles, les cendres jetées au vent, et les ossements vendus aux fabri- ques de Marseille.

L'agent municipal livra beaucoup de maisons des par- ticuliers au logement militaire, et on en démolit un grand nombre sans estimations préalables, et, à l'heure où j'écris, nul dédommagement n'a encore été donné aux proprié- taires dépossédés.

Vint ensuite le trafic des maisons et des terres. C'est en cela que le scandale fut porté au plus haut point. Les plain- tes ont surgi de partout; les journaux se sont élevés à l'envi contre ces insolentes spoliations, et la commission envoyée en Afrique en 1833 a recueilli sur les lieux les détails les plus odieux sur les manœuvres mises en jeu pour dépouiller les indigènes.

Tous ceux que la faim conduisait en Afrique, bien que n'y apportant aucune ressource, s'y transformaient, comme par enchantement, en propriétaires de ville et de campagne.

Un fait assez remarquable prouve que l'argent était une denrée inutile pour devenir acquéreur.

Parmi les personnes venues de France, après la révolution de juillet, se trouvait un homme de loi destiné à organiser un système judiciaire dans le pays conquis. Ce particulier, outre une grande fortune, pouvait encore disposer du prix considérable d'une charge dont il s'était récemment défait.

Après bien des contrariétés, il parvint enfin à former un tribunal; mais, comme parmi les causes qui se présentaient au parquet, le plus grand nombre concernait des abus de pouvoirs, on sentit le danger de son maintien, et on le supprima.

Le jurisconsulte fût congédié, et l'on remarqua qu'il partit sans avoir pris part au trafic des biens. Seul, il aurait été en état de payer ses acquisitions. Mais c'eût été d'un mauvais exemple : on se pressa de l'éloigner.

Beaucoup des faits groupés ci-dessus ont pris leur développement après le premier départ d'Afrique de M. le maréchal Clausel. Mais le germe de tous les maux a été posé sous son gouvernement.

Une large part en appartient à son entourage : c'est exact. Mais il avait de pleins pouvoirs; il parle avec assurance de ses talents administratifs : est-il en droit de décliner la responsabilité de ses actes?

A cette époque, comme aujourd'hui, une seule chose restait intacte en Afrique : la bravoure, la discipline, la constance du soldat français, étaient passés à l'état de choses évidentes et reconnus dans l'esprit des indigènes. Il s'y joignait même certaine croyance d'invincibilité, car tout avait été succès jusqu'alors.

Un léger échec, dans le mois d'août 1830, dû à une grande infériorité de forces, n'avait que faiblement modifié cette opinion. La campagne de Médeah, en novembre même année, où cette excuse d'infériorité ne pouvait être admise, produisit un effet plus défavorable sur les indigènes.

M. le maréchal de Bourmont n'avait pas voulu quitter l'Afrique sans avoir reconnu par lui-même la nature du pays. Dans cette vue, il prit avec lui 1,000 à 1,200 hommes, et se porta sur Bélida, petite ville située au delà de la Mitîdja, à dix ou douze lieues d'Alger.

Une intrigue juive, dont la municipalité d'Alger et la police française eurent vent et donnèrent avis, pensa rendre cette course funeste.

La petite colonne française fut attaquée par de grandes forces au moment où elle quittait Belida pour rentrer au quartier général. Sa bonne contenance la sauva, mais ce ne fut pas sans avoir perdu quelques hommes, et entre autres un officier supérieur d'état-major.

M. le maréchal Clausel, à son tour, jugea à propos, trois mois après, de faire aussi une reconnaissance dans l'intérieur; mais, averti par ce qui s'était passé, il sortit avec 5,000 hommes.

Il arriva à Bélida sans avoir rencontré l'ennemi. Il laissa deux bataillons à la garde de cette place, et se détermina à pousser jusqu'à Médeah, ville située à sept ou huit lieues plus loin, au milieu des aretes du petit Atlas.

Malheureusement, dans la crainte de manquer de munitions, on avait envoyé de Belida à Alger, sous l'escorte de deux compagnies d'infanterie, un piquet de cinquante à soixante hommes du train d'artillerie.

L'escorte avait ordre de les quitter à mi-chemin, où l'on croyait qu'ils n'auraient plus de danger à courir. Il n'en fut pas ainsi dès que l'escorte s'en fut séparée, les Arabes assaillirent ce convoi. Les hommes qui en faisaient partie, furent massacrés, et leurs membres, éparpillés sur la route, furent retrouvés par les troupes à leur retour.

Pendant que ce désastre arrivait à quelques lieues d'Alger, la colonne était attaquée par des Cabaïles à mi-chemin de Bélida à Médeah, et la garnison de la première de ces villes, pressée avec tant de furie, qu'elle fut un moment dans le plus grand péril.

Malgré l'ennemi, on pénétra à Médeah ; on y installa un bey, et on lui laissa 1500 hommes pour appuyer son autorité.

Cette opération terminée, on revint sur Bélida, en repoussant les attaques incessantes des Kabaïles. On reprit les deux bataillons qu'on y avait laissés, et l'on rentra dans Alger.

Mais il fallut faire un nouveau détachement de 4 à 5000 hommes, sous le commandement du général Boyer, pour aller dégager et ramener le nouveau bey de Médeah et la garnison établie auprès de lui.

Cette expédition, comme on le voit, fut sans résultat. Les militaires la jugeront sous le rapport stratégique. Sous le point de vue politique, c'était une faute, car des positions prises à 12 et 20 lieues du point central ne pouvaient garantir les territoires intermédiaires ; et d'ailleurs aucun système d'occupation, aucunes vues de colonisation, n'étaient encore arrêtées. Quelles difficultés ne se créait-on pas, seulement pour entretenir les communications avec ces postes détachés à d'aussi grandes distances ?

Il ne faut pas juger avec trop de sévérité ces premiers essais. Il est cependant impossible de se refuser à y voir l'origine de cette manie d'expéditions, qui a saisi successivement presque tous les hommes qui ont eu l'autorité à Alger.

Qu'ont-elles produit? l'irritation, la dévastation et la guerre à mort; et en outre cette fureur d'occuper une foule de postes qui, excepté dans les environs d'Alger, n'ont de rapport entre eux que par la voie de mer et ne peuvent en aucun cas s'entr'aider.

Les détails qui viennent d'être exposés donnent un tableau abrégé de la première mission remplie à Alger par M. le général Clausel. On y trouve malheureusement l'origine de toutes les erreurs qui se sont développées plus tard, et ont donné lieu de mettre en question si l'abandon ne serait pas préférable à une occupation dont on pouvait apprécier la cherté, sans en entrevoir le dédommagement.

Je n'ai jamais partagé cette incertitude. J'avais jugé le pays; mes études en Orient me faisaient apercevoir les moyens propres à rallier les populations à la France, et je n'attribuais qu'aux fausses mesures de l'administration les obstacles qui surgissaient sous ses pas.

Aussi ai-je toujours plaidé pour la conservation de la conquête, en condamnant hautement le régime qu'on lui imposait. C'est ce que l'on n'a pas voulu voir. Ne pouvant opposer de bonnes raisons au blâme que je déversais si opiniâtrément sur les plus funestes mesures, on a trouvé plus simple de m'accuser de vouloir l'abandon, et cette calomnie a trouvé quelque crédit.

J'ai beaucoup écrit sur Alger, et ces notes subsistent. Un journal, le *Messager*, en a accueilli une partie pendant trois ans. Qu'on y trouve un mot qui tende à l'évacuation, et je me tiens pour condamné. Mais non ! les rédacteurs de cette feuille eussent repoussé mes articles, s'ils y eussent aperçu cette lâche tendance.

Je dois encore faire remarquer, pour la seconde fois, que, malgré l'injuste et inexplicable conduite de M. le général Clausel envers moi, je l'ai toujours ménagé dans ma polémique; bien qu'il me fût démontré qu'il était l'homme le moins propre à tirer la nouvelle colonie du bourbier où elle est tombée sous son gouvernement, je ne m'en suis pas moins plu à le louer de sa constance à en défendre la possession; mais c'est là la seule capitulation que ma conscience m'ait permise vis-à-vis de lui.

L'examen des actes postérieurs à son premier retour d'Alger ne fera que confirmer le jugement que j'en ai déjà porté.

TROISIÈME PARTIE.

M. le général Clausel, en quittant Alger dans les premiers mois de 1831, n'avait pas renoncé à ce pays. Il s'était accoutumé dès lors à le considérer comme une sorte d'apanage qui lui serait tôt ou tard inféodé , et dont il toucherait en France le traitement, avec les énormes frais de représentation et les 72,000 fr. de frais secrets, et qu'il viendrait visiter de temps à autre, quand la fantaisie lui en prendrait.

Sur quels titres fondait-il cette étrange prétention? La France lui devait-elle la conquête ou seulement la prospérité de ce territoire? Il avait reçu cette riche proie intacte des mains du vainqueur, et l'on a pu voir ce qu'il en avait déjà fait à l'époque où il laissait poindre une aussi exorbitante ambition.

Quoi qu'il en soit, à son départ il annonça qu'il reviendrait. Cette annonce retint dans une certaine réserve, les hommes qui n'approuvaient pas ses principes, et comme les places étaient remplies par ses créatures, il résulta du

silence des premiers et des clameurs laudatives des seconds,
que l'ex-gouverneur conserva une grande influence sur les
lieux, et qu'il parvint à se faire croire indispensable au bonheur de la colonie.

La France, plus occupée des évènements de son intérieur
et de sa situation vis-à-vis de l'étranger, que des intrigues
qui viciaient l'avenir de sa nouvelle possession, crut sur parole ce que des officieux intéressés lui soufflaient par toutes
sortes de voies.

Ce ne fut pourtant pas là la plus fâcheuse conséquence
de cette atonie de l'opinion. Elle devint funeste à celui qui
succéda au second gouverneur.

Ce fut le lieutenant général Berthezène qui le remplaça
à son corps défendant et par pure déférence pour la volonté du roi. Des chagrins domestiques l'assaillaient dans
son intérieur. Il obéit à l'ordre de départ, mais se trouva
incapable de prendre, avant de quitter Paris, les plus
vulgaires dispositions sur la mission à laquelle il était
appelé.

Il lui fut bien insinué de demander le rappel de quelques
individus, signalés comme les déprédateurs en titre de la
colonie, et de se faire accompagner d'hommes en qui il
pût placer sa confiance; l'état déplorable de ses enfants
absorbait toutes les facultés de son âme; il en perdit un
avant d'être parvenu à sa destination, et y arriva, n'ayant à
opposser aux cabales organisées contre lui que ses géné-
reuses intentions.

Il était impossible qu'un homme de ce caractère pût se
prêter aux exigences de la situation telle qu'on l'avait faite.
Il dut d'abord mettre un frein aux spoliations exercées sur
les propriétés, aux vexations auxquelles les indigènes
étaient en proie, et à une foule d'abus qui étaient passés en

forme de choses légales. C'est à quoi le général Berthezène réussit.

Mais on conçoit quelle irritation dut exciter cette conduite. Aussi rien ne fut-il négligé pour, d'une part, dégoûter le nouveau gouverneur, et de l'autre, propager en France la pensée qu'il ne convenait nullement à la colonie.

Ce n'est point ici le cas de divulguer les manœuvres qui furent mises en jeu pour atteindre ce double but, ni d'en nommer les principaux acteurs, il suffit que l'on sache que l'on conseillait de Paris ce que l'on exécutait en Afrique.

Le général Berthezène obtint son rappel et eut pour successeur le duc de Rovigo. Les indigènes, et tout ce qu'il y avait d'honnêtes parmi les Européens, lui ont rendu la justice qu'il obtient partout où il se montre. Sa mémoire est restée en vénération.

Le choix du duc de Rovigo pour lui succéder déconcerta la tourbe des anciens explorateurs. En rouerie, je me sers à dessein de cette expression, ce général ne le cédait à personne. Il consentit bien à se servir des hommes qu'il trouva sur les lieux et à sa convenance ; mais il avait amené son monde. C'était d'anciens affidés qui firent pâlir les talents de leurs devanciers.

Tout l'ancien système se trouva dérangé par sa venue. Il y eut des défections, et peut-être que le culte voué à la première idole se fût éteint sans retour, s'il eût vécu.

Le duc était appuyé en France par des hommes puissants, qui n'avaient pas foi aux reliques de M. le général Clausel ; il n'était pas administrateur, mais il avait parfois de fort bonnes idées, et il savait féconder celles qu'on lui faisait goûter.

Son passage à Alger fut marqué par de lamentables mesures, entre autres par l'affaire des laines. Ce fut lui qui fit exécuter le massacre à jamais odieux de la tribu d'Ell-Ouffia.

Mais on savait que, s'il aimait l'argent, c'était pour le dépenser. Son faste faisait vivre beaucoup de monde autour de lui.

Il tenait une grande table, et cela contrastait avec les habitudes bourgeoises du général qui ayant 10,000 francs de frais de représentation par mois, en sus de ses traitements, et des fonds secrets dont personne n'a jamais vu un centime, n'alimentait ses convives qu'avec les rations des magasins.

Le général Voirol eut le gouvernement d'Alger, après le départ du duc de Rovigo. Il dut suivre les errements établis, parce que sa position équivoque ne l'autorisait pas à une refonte totale. On ne lui fait aucun reproche personnel, et l'on n'attribue qu'au système auquel il était soumis, l'état d'hostilité créé par ce régime, auquel sa modération a procuré de longues et fréquentes trèves.

Après lui parut le général comte d'Erlon, avec une attitude déterminée et des pouvoirs étendus. C'était encore là un caractère fait pour calmer bien des souffrances et rassurer les intérêts privés.

On a vu le comte d'Erlon essayer de remédier aux ineptes bases qu'il trouva établies. Il eût fallu, pour qu'il réussît, ou que de nouvelles conditions d'exploitation eussent été arrêtées par le gouvernement, ou qu'on lui eût laissé le temps de faire lui-même d'assez profondes études locales pour pouvoir proposer des vues plus en harmonie avec les besoins.

Le temps lui a manqué, et le gouvernement, fatigué des tergiversations de tous les rapporteurs, conseillers ou écrivains qui ont traité la question algérienne, et dont aucun n'a voulu voir le mal où il est, ne sachant à qui entendre, n'a point encore songé à un régime définitif pour les établissements d'Afrique.

C'est de cette étrange situation d'un pays occupé depuis six ans, sur lequel on n'a point d'idées arrêtées, que le nom de M. le maréchal Clausel est sorti d'une infinité de, bouches, comme la solution d'une question épineuse.

Ce n'est point la conviction de son savoir qui lui a donné tant de partisans : les esprits ne sont point assez aveuglés, et les journaux qui lui ont été favorables, sont trop clairvoyants pour n'avoir pas jugé ses actes pendant le cours de ses deux apparitions en Afrique. C'est, d'une part, la crainte de l'abandon auquel il s'était toujours montré opposé ; et, de l'autre, l'attitude calculée qu'il a prise dans l'opposition, qui lui ont valu tant de suffrages.

Un mot d'un des coryphées de la presse quotidienne donne la clef de cette adhésion. Croyez-vous de bonne foi, lui disait-on, que M. le maréchal Clausel soit propre à rendre la colonie prospère ? Nullement, répondit-il ; mais ce n'est pas ce dont il s'agit. Il faut avant tout obtenir la déclaration du maintien de la possession, nous pouvons plus aisément l'enlever avec lui que sans lui ; ce point gagné, on avisera à un autre choix.

M. le maréchal Clausel a bien dit, et ses échos l'ont répété à satiété, qu'il a un plan de colonisation. En a-t-il laissé échapper le moindre indice ? ses écrits et ses discours de tribune ont-ils jamais révélé une idée-mère, une pensée analogue aux besoins coloniaux ?

Le fait le plus saillant de toutes les discussions auxquelles M. le maréchal ait pris part, ne peut avoir été oublié, tant il excita de surprise.

Il avait annoncé des interpellations sur les intentions du gouvernement relativement à la conservation d'Alger.

M. le duc de Dalmatie avait à peine commencé à s'expliquer dans un langage qui ne laissait encore rien préjuger, que M. Clausel se lève, et, comme s'il eût été chargé de venir au secours de l'orateur, prononce ces mots d'une voix solennelle : *Je suis satisfait des explications données par M. le ministre.* On se regarda.

Le lendemain, un officier général, intime ami de M. le maréchal Clausel, disait : *De quoi diable a-t-il donc été satisfait? le ministre n'avait encore rien dit.*

Mais enfin M. le maréchal l'emporta en 1835. Il fit ses conditions, obtint tout ce qu'il demanda, et déclara que sa présence suffirait en Afrique pour relever les espérances des colons, éteindre la haine des indigènes, et procurer enfin la pacification préalable nécessaire à toute colonisation.

On sait comment ces promesses se réalisèrent, et quels efforts inutiles furent faits pour installer des beys à Cherchelles, à Médéah et à Meliana, conception ridicule dans l'état d'effervescence du pays.

Quatre mois se passèrent sans que rien se fût amélioré. C'est alors que, pour faire diversion à l'étonnement de la France et aux murmures qui commençaient à germer parmi les colons, on songea à venger la défaite de la Machta.

Dix mille hommes furent demandés, et on les accorda avec un matériel considérable.

On devait venger l'honneur des armes françaises, anéantir Abdel-Kader, pacifier tout l'ouest d'un seul coup, et l'imagination des prôneurs à gages était impuissante pour peindre les avantages prévus de cette expédition.

La fascination pénétra jusqu'à la cour ; M. le duc d'Oréans voulut faire cette campagne annoncée avec tant de fracas. Son nom servit bientôt à en couvrir l'inutilité. On attribua au désir qu'il avait manifesté de repasser en France, ce qui n'était dû qu'à l'imprévoyance et au mauvais choix de la saison.

Cette excuse pouvait être bonne pour la France, elle ne suffisait point pour la population européenne en Afrique, qu'il est si important pour M. le maréchal Clausel de tenir sous le joug du prestige. L'expédition de Tlémécen fut résolue.

Ici les fautes devinrent plus grossières, les vues plus coupables, les détails plus affligeants.

Des Turcs et des Congloglis occupaient Tlémécen et se maintenaient contre Abdel-Kader : ils sollicitaient avec instance l'appui des Français, et on le leur avait promis.

Qu'on relise les relations venues d'Alger à cette époque, on verra avec quelle chaleur on se félicitait de l'alliance des Turcs et des Congloglis, et quels avantages on se promettait de leur conformité d'intérêt avec la France contre les chefs arabes.

On marche donc à leur secours, et l'on pénètre dans Tlémécen.

En ce moment la scène change. Ces Congloglis et les Turcs, ces amis, ces alliés si précieux, on leur demande une énorme contribution, on les emprisonne, et on les livre à un renégat et à un juif, assistés de deux autres sicaires, qu'on autorise à user de tous moyens connus pour en obtenir l'abandon de ce qu'ils possèdent de précieux.

Les malheureux livrent jusqu'aux bijoux de leurs femmes. Mais l'indignation de l'armée est telle, que, par un acte tardif de justice, on fait restituer quelques bagatelles pour apaiser les murmures.

Le *National* a donné, le premier, avis de cette horrible spoliation, et il était bien informé. Son correspondant est un homme de cœur.

J'ajouterai à ces premiers renseignements que, du 25 au 30 février, la douane d'Alger a vu arriver et a enregistré des lingots d'argent provenant du Tlémecen;

Que le juif nommé Lazzery, qui a pris la plus grande part à cette affaire, a paru à Alger avec 200,000 francs de bijoux qu'il devait aller vendre à Livourne, et que, par réflexion, il a portés à Tunis;

Qu'une exposition et vente de bijoux venant de la même source ont été confiées, à Alger, à la maison Bacuet de cette ville.

On a distribué à la chambre une petite brochure intitulée, *Contribution de Tlémecen*, composée de pièces détachées; mais elle n'est point avouée, dans son ensemble, par une signature qui en accepte la responsabilité. Dans cette pièce, on porte à 94,000 francs la somme totale de la contribution levée à Tlémecen.

Cette pièce est d'une insigne perfidie. Un seul fait la dément.

Le fils de l'ancien kasnadji, ministre des finances du dernier dey, se trouvait à Tlémecen avec ses deux gendres, Turcs de naissance.

Ils furent des premiers emprisonnés et condamnés à 20,000 piastres fortes (100,000 fr.) pour leur quote-part. Forcés par les mauvais traitements à s'exécuter, ils livrèrent des bijoux pour une somme triple, en demandant à pouvoir les vendre à l'enchère jusqu'à la concurrence de la somme exigée d'eux.

Jussuf et le juif Lazzery trouvèrent plus convenable de faire eux-mêmes la vente et de s'adjuger les objets à moitié prix. Ce même Jussuf exigea 400 piastres fortes pour permettre à l'une des victimes de porter lui-même à Oran la plainte qu'ils adressaient au gouvernement sur les tourments et les spoliations qu'ils avaient endurés.

Je connaissais ce Conglogi : il me fit passer une copie de
sa plainte ; mais. sachant qu'elle était parvenue au ministère de la guerre, ainsi que je l'ai annoncé dans ma *seconde
lettre* à MM. les députés., je me suis borné à la faire lire
à quelques membres de la chambre.

, Ma surprise a été grande, quand personne n'a répondu
à l'interpellation d'un orateur, qui demandait si on n'avait
pas reçu des plaintes des victimes de Tlémecen. Elles ont
dû au contraire parvenir en grand nombre, isolées et col-
lectives.

Dans cette affaire de Tlémecen, tout est hideux dans sa
partie morale ; tout est extravagant dans sa partie politique.

On va secourir des amis ; on entend se donner des
partisans ; on a surtout en vue de détruire l'influence
d'Abdel-Kader.

Comment s'y prend-on ? On traite ces amis comme on
aurait traité des ennemis acharnés ; on refoule dans ces
cœurs opprimés tous les sentiments qui s'y déclaraient en
faveur de la France, et on les rejette dans les bras de l'é-
mir, dont la conduite, à leur égard, ne peut avoir été plus
tyrannique.

Sous l'aspect politique, quels ont été les résultats ? L'émir
n'a fait de résistance que ce qu'il en fallait pour entretenir l'esprit belliqueux de ses hommes : il a donné un démenti aux assertions qui le représentaient battu et décré-
dité parmi les Arabes. Depuis lors, son influence s'est
accrue, tandis que votre puissance s'est affaiblie ; car vous
avez disséminé vos forces en occupant trois nouvelles positions à Ratzum, à la Tafna et à Tlémecen. Vous devez les
soutenir, les ravitailler et trembler sans cesse pour la garnison de cette dernière place, dont la sûreté dépend des
dispositions des habitants de la ville et des environs.

Il faut des expéditions nombreuses pour communiquer

d'un point à l'autre , et, quand vous vous déterminez à les faire, vous ne savez où trouver des chameaux pour vos convois.

Je le demande enfin , et ma question est sérieuse : en quoi les projets de colonisation, qui seuls devraient occuper la France, prospèrent-ils par la possession de ces six postes dans l'ouest, espacés dans une ligne de soixante lieues de Mostanagem à Tlémecen , qui ne peuvent s'entr'aider , que l'ennemi isole les uns des autres, et dont l'entretien est si coûteux?

Cette série de contradictions, de fautes , d'absurdes combinaisons, devait recevoir son complément à Alger.

Là aussi on n'avait pas assez d'embarras : on les y a accrus outre mesure par la prétention renouvelée d'établir des beys à Méliana et à Médeah.

L'installation du premier n'a pas pu s'effectuer. On a fort à propos renoncé à la tenter.

Le second a été conduit à sa résidence. On sait qu'il en a été enlevé par le lieutenant d'Abdel-Kader , et avec lui le dépôt d'armes et de munitions qu'on lui avait accordé pour toute protection.

M. le maréchal Clausel n'était pas encore embarqué pour la France , que son protégé jetait les hauts cris, et demandait qu'on vînt le dégager. On lui répondit qu'on allait chercher des renforts.

La capture de ce bey entraîna la prise de quelques-uns de ces spéculateurs de terres , que l'avidité du gain avait conduits à Médeah sur ses traces.

Ici se révèle, dans toute sa brutalité, le système qui domine en Afrique. A qui devait-on s'en prendre du malheur de ces imprudents? A l'autorité qui avait souffert qu'ils suivissent la troupe sans être combattants , et qu'ils restassent après son départ à Médeah, où il ne pouvait y avoir sûreté pour des Français.

On trouve plus simple de rendre cinquante notables d'Alger responsables de cet événement. Le nommé Germon, que l'on n'a pas vu sans dégoût être chargé de la police, propose cette sauvage mesure. La sagesse du général Rapatel la tempère : le nombre des otages est réduit à six. Le lendemain, il n'était plus que de cinq : on disait que le maure Ben-Turquia s'était racheté de la police.

Cependant l'indignation de la population indigène était au comble de se voir rendue responsable des actes ennemis. Le vénérable Mustapha-Pacha, que les sollicitations réunies des Français et des naturels avaient déterminé à accepter les fonctions d'adjoint du maire, présente une supplique pour faire revenir l'autorité à des principes plus équitables.

Il n'est point écouté. Alors il envoie sa démission, et signe le premier une requête au roi en son conseil pour solliciter sa justice.

Cette démarche, si légale, et que chacun eût conseillée, lui attira une destitution qu'il avait devancée en se démettant de sa place.

Mais le sieur Germon n'était pas satisfait. Quelques jours après, sous le plus absurde prétexte, cet homme estimable et cinq des plus recommandables indigènes sont accusés de complot, arrêtés, emprisonnés, et de là conduits à bord d'un bâtiment.

Vous allez croire qu'on les traduit en France, suivant l'usage suivi jusqu'à ce jour ; qu'ils y seront examinés, interrogés ; qu'ils pourront faire entendre leur justification. Rien de tout cela : c'est à Bone qu'on les conduit ; heureux de n'avoir point été livrés à Jussuf, dont ils sont détestés pour avoir souvent blâmé ses actes.

Mais n'anticipons pas sur cette affaire : c'est elle qui m'a forcé à publier la présente brochure. J'y reviendrai bientôt.

Après avoir semé tant de difficultés à la pacification du pays et à la prospérité coloniale ; après l'inutilité bien démontrée des expéditions de Mascara, Tlémecen et Médeah, après le redoublement d'irritation qui se manifestait sur tous les points à la fois, à la suite de ces imprudentes pointes dans l'intérieur, on ne se serait pas attendu que M. le maréchal Clausel, en quittant la colonie, la doterait d'un nouvel embarras par ses projets sur Constantine.

Mais c'est une manie chez lui de se croire l'homme unique, l'homme indispensable pour les affaires d'Afrique, et ses prôneurs ont cherché à en propager l'opinion en le qualifiant de cette curieuse épithète d'*homme-colonie.*

Est-il étonnant que, dans cette idée fixe, il multiplie les complications ? Qui ne reculerait en effet devant les impossibilités qu'il a créées à la pacification du sol conquis ? Lui seul peut les surmonter ; il le croit, il le dit ; on le répète, et cela devient article de foi.

C'est la riche pâture trouvée à Tlémecen qui a alléché et fait penser à Constantine. Achmed, bey de cette résidence, a des trésors. Mais comment ignore-t-on ce que je savais déjà en 1830, qu'averti de l'enlèvement, par les Français, du trésor de la régence, il avait envoyé ses richesses dans le Sahara, où réside son beau-père. Non-seulement il ne les en a pas retirées depuis cette époque, mais chaque année il y a dirigé ses nouvelles économies.

Il faut donc rayer des espérances qui ont suggéré l'expédition projetée sur Constantine, l'espoir d'y faire une bonne capture. On n'aura même pas la ressource de la spoliation des particuliers, car, à l'instar du bey, chacun a pris ses précautions.

Cependant quelques dispositions préliminaires peuvent faire considérer cette expédition comme en train d'exécution. C'est Jussuf le mameluck qui en est la cheville ouvrière; voyons ce que c'est que ce Jussuf.

J'ai déjà dit qu'un mois avant l'expédition d'Alger, je fus envoyé à Túnis pour des recherches y ayant rapport. Je devais aussi prier M. de Lesseps, consul général de France, de procurer à l'armée un certain nombre d'interprètes.

Le bruit de cette demande se répandit et parvint au Bardo, résidence du dey, située à une demi-lieue de sa capitale.

Là existait un jeune homme de l'âge de vingt-six ans, enfant de la Toscane, enlevé en bas âge, peut-être de l'aveu de ses parents, par un capitaine barbaresque.

Celui-ci en fit don ou le vendit au bey de Tunis, lequel l'incorpora dans les mamelucks qui font auprès de sa personne le service de page jusqu'à l'âge de seize à dix-huit ans, et plus tard celui de gardes de l'intérieur du palais.

Jussuf était fatigué de son état de mameluck; il se sentait appelé à d'autres destinées. Il calcula que, s'il pouvait rejoindre l'armée française, la fortune lui ouvrirait quelque chance favorable; et qu'il pourrait, en attendant, s'y rendre utile, par sa connaissance de l'arabe, du français et de l'italien.

Ce projet arrêté, il s'échappe du Bardo, et va se réfugier dans la campagne de M. de Lesseps, située à deux lieues de Tunis, près des ruines de Carthage et des bords de la mer.

M. de Lesseps fut doublement enclin à le servir. Il lui devait la protection à laquelle tout consul est tenu vis-à-vis des Européens qui rompent leurs fers, et il croyait à une intention de retour à la religion catholique.

En ce moment se trouvait en rade de la goulette, à portée de la campagne consulaire, un aviso de l'armée, sur lequel quelques interprètes, déjà enrôlés, étaient embarqués. Jussuf y fut conduit mystérieusement, et quelques jours après il avait débarqué au camp de Sidi-Ferruch.

M. de Lesseps me le recommandait : je le fis nommer interprète. Il fut attaché en cette qualité à la lieutenance générale de police.

Il resta dans ce service aussi longtemps que j'en eus la direction, et me suivit dans la maison que j'allai occuper comme particulier, quand l'administration venue de Paris entra en fonctions.

Jussuf se conduisit très-bien, et montra du savoir-faire et de l'intelligence pendant toute la durée de son séjour auprès de moi.

Il avait témoigné la plus grande répugnance pour le commissaire général de police qui avait reçu une partie de mes attributions, et s'était refusé à rester son interprète.

L'entourage de ce brave homme fut piqué pour lui de ce mépris trop franchement exprimé par Jussuf. On résolut d'en punir celui-ci, et, à cet effet, on imagina une toute petite conspiration (on voit que ce moyen mis en usage, il y a un mois, contre les notables d'Alger, n'est pas nouveau), par suite de laquelle cet interprète fut arrêté, conduit à bord et mis au secret. On supposait qu'il traitait de l'expulsion des Français d'Alger, avec le bey de Tunis, dont il venait de fuir les chaînes, et qui n'eût pas manqué de le faire pendre, s'il fût tombé en son pouvoir.

Jussuf, interprète sans place ni consistance, complotant avec un petit prince mal affermi l'expulsion des Français d'Afrique? quelle pitié! Mais on n'en fait pas d'autres dans cette coterie.

Tout cela n'était qu'un jeu. Peu de jours après cet éclat, Jussuf avait repris son premier état, il était mameluck de M. le maréchal Clausel et caracolait à sa suite.

Vers ce temps, on formait des chasseurs d'Afrique. On lui donna une commission d'officier dans ce corps : il s'y distingua par une grande bravoure.

Il fit preuve d'une audace remarquable à la prise de la Cassauba de Bone, et depuis lors on l'a toujours vu déployer une rare intrepidité dans une foule d'occasions.

Voilà le beau côté de Jussuf ; toutes les voix s'accordent sur ce point.

Mais la France ne doit–elle désirer, dans les guerriers qu'elle entretient, qu'un mépris profond de la vie et un attrait irrésistible à verser le sang? Alors, proclamez, comme on l'a dit à la chambre, que Jussuf est l'honneur de l'armée française. Sacrifiez en holocauste à cette idole toutes ces gloires passées, toutes ces renommées encore vivantes dont la patrie s'enorgueillit à si juste titre.

Déclarez que ces vertus civiles, dont l'alliance avec les qualités guerrières a toujours distingué le militaire français entre ceux de toutes les autres nations, ne sont que de vains mots, et dites que le sublime de la profession des armes sera désormais d'être cruel à froid, ou par pure cupidité.

Jusqu'à ce que ces principes aient été reconnus articles de foi par la nation, je dirai toujours que le meurtre, même sur le champ de bataille, n'est permis qu'envers l'ennemi qui se défend. S'il est criminel vis-à-vis du vaincu qui se rend, qu'est-il donc à l'égard des êtres faibles, désarmés, les vieillards, les femmes, les enfants, surpris dans leur sommeil, comme çela arriva à la malheureuse tribu d'Ell-Ouffia?

Il y a tous les ans quatre-vingt mille familles en France qui voient partir, si ce n'est avec joie, toujours avec orgueil, un de leurs enfants atteint par la conscription. Quelle serait leur douleur si elles apprenaient qu'on va les transformer en assassins ; que les lauriers qu'ils cueilleront seront tachés d'un sang versé autrement qu'au nom de l'honneur, et qu'à leur rentrée dans leurs foyers ces braves rapporteront des cœurs familiarisés avec le meurtre ?

C'est pourtant à ce résultat que tendent les excès auxquels un funeste système d'exploitation a amené la guerre qui se fait en Afrique, les éloges que l'on donne aux plus infâmes actions, et ce délirant usage qui fait payer avec de l'or les têtes sanglantes dont on vient faire hommage aux généraux à la fin de chaque affaire.

Et nous avons été porter la civilisation chez ces peuples !...

A notre arrivée en Afrique, nous nous indignions de l'usage barbare de couper des têtes, pour aller en recevoir le prix.

Les choses ont changé, les Arabes font des prisonniers dans l'espoir d'en tirer des rançons, et dans le camp français on fait trophée et l'on paie les têtes coupées.

La colonie est décidément en progrès.

Les qualifications de barbare, de renégat, données au mameluck Jussuf, dans le cours de la discussion du budget d'Alger, ont soulevé une tempête dans le sein de la chambre. C'est le plus brave de l'armée, disait l'un ; il est légionnaire, disait l'autre ; il est officier, s'écriait un troisième.

Pour brave, personne ne le conteste : c'est le propre de la classe à laquelle il appartient. Que resterait-il aux mamelucks, qui ne connaissent ni patrie, ni famille, ni liens religieux, si on leur enlevait ce mérite?

L'éducation qu'ils reçoivent, dès le plus bas âge ne leur apprend qu'à braver la mort et à la donner sans répugnance. Si à ces deux conditions ils joignent une grande fidélité envers leur maître, à qui ils doivent obéir sans réserve, ils ont atteint la perfection qu'on attend d'eux.

On conçoit qu'on se serve de ces hommes et qu'on les rémunère largement. Mais c'est avec de l'argent, et non avec des grades, et surtout du pouvoir, dont ils ne peuvent qu'abuser. Leur en conférer, c'est se rendre complice des cruautés qu'ils commettront.

On a cité à la tribune les faits rapportés dans l'ouvrage de M. le général Berthezène. De son temps, Jussuf n'était connu que par les procédés qu'il comptait mettre en usage pour signaler son autorité dans les places qu'il obtiendrait. C'était en coupant la tête des six plus riches de ses administrés qu'il se proposait de couvrir ses frais d'installation, et par de nouveaux assassinats de semaine en semaine qu'il comptait alimenter sa dépense.

Plus tard, il acquittait une dette de 20,000 francs, en volant deux mille moutons à une tribu amie, et les livrait en paiement au juif Lassery, son créancier.

Ce sont ces citations d'un militaire intègre, incorruptible et justement indigné, contre lesquelles on s'est récrié, comme si l'on attaquait l'honneur de l'armée. Qu'eût-ce été si d'autres orateurs eussent déroulé la série de faits que les indigènes reprochent si amèrement à cet homme, et par suite à ceux au nom de qui il agit?

Que dire de ces têtes rapportées à chaque sortie de Bone, pour mériter les applaudissements qu'on donnait à de telles prouesses, et qui étaient enlevées à des paysans désarmés, lorsqu'on ne trouvait pas à assouvir cette rage du sang sur de véritables ennemis..

Et ce Kabaïle qui quittait paisiblement le marché de Bone, après avoir débité ses denrées, et à qui Jussuf, pour avoir son argent, avait déjà crevé un œil, coupé un bras et fait scier une jambe, lorsqu'un officier arriva à propos, attiré par les cris de la victime, pour faire cesser ces mutilations.

M. le général d'Uzer, à qui il en fut rendu compte, en témoigna la plus vive indignation, et ordonna qu'à l'avenir un officier français fût toujours présent dans les sorties que faisait Jussuf, pour empêcher de pareilles horreurs.

Ce fait m'était revenu de plusieurs côtés. Je ne pouvais y croire; le hasard m'a fait trouver, il y a deux ans, dans une réunion où l'officier qui en avait été témoin en fit le récit. Je ne le nommerai jamais; je sais trop comment l'on se venge des hommes qui n'applaudissent pas à de telles infamies.

Et c'est à un être de cette espèce que l'on confie la levée de la contribution imposée à Tlémecen !

C'est encore à lui que M. le maréchal Clausel confie le soin de faire triompher, respecter et chérir le nom français, dans la partie du territoire de l'ex-régence où nous n'avions pas encore pénétré !

Est-il surprenant qu'un chef de tribus de ces parages ait écrit (j'ai vu la traduction de sa lettre) : *Les cruautés d'Achmed nous portaient vers les Français. Mais le caractère connu de celui par qui on entend le remplacer, nous ramène à lui.*

Quelle est donc cette aberration d'idées qui peut entraîner à soutenir qu'une bête féroce peut honorer l'armée française ! *C'est le plus brave de nos guerriers.* Que deviendrait la France, si ses soldats, ses enfants, se persua-

daient que , pour mériter de tels éloges , ils doivent devenir
des bourreaux?

C'est cependant à ce résultat que l'on marche avec le
système dominant. Les Arabes font la guerre en barbares ;
des représailles semblent nécessaires: subissons cette cruelle
situation , puisqu'on nous en a fait une nécessité, quand
nous ne pouvons l'éviter. Mais, pour Dieu ! n'en faisons pas
naître les occasions , avec cette manie d'expéditions loin-
taines , si fatales jusqu'à ce jour.

Je me suis étendu à dessein sur le compte de Jussuf,
pour prévenir les conséquences d'un engouement factice ,
dont on est ordinairement bien honteux quand on en est
revenu.

Cet homme est brave , très-brave ; c'est sa nature , c'est
le résultat de son éducation et des impressions qu'il a reçues
jusqu'à l'âge de vingt-cinq ans dans le sérail du bey de
Tunis. Mais cette bravoure qu'il consacre au service de la
France , par suite des circonstances où il s'est trouvé placé,
il l'eût également portée à celui de son ancien maître , du
sultan, des Anglais, si le hasard l'eût décidé.

Il faut user de cette valeur, ne point préjuger d'arrière-
pensées qui en puissent détourner l'emploi ; mais aussi ne
pas se livrer trop aveuglément à ce qu'elle promet. Ce
principe est exact vis-à-vis tous les hommes qui sont dans
la situation aventurière où le sort l'a jeté.

On donne à Jussuf une part trop arbitraire dans les
opérations. Il serait loyal et politique d'avoir toujours
auprès de lui, comme le général d'User l'avait très-sage-
ment décidé, un modérateur qui, sans restreindre les élans
de sa résolution ordinaire, fût chargé de contenir cette
soif de l'or et du sang, en qui son être se résume.

Jussuf ne fera jamais de partisans à la France, et il lui
créera beaucoup d'ennemis. Est-ce là ce qu'il faut, quand le

but unique est de fonder en Afrique de larges cultures et un commerce florissant ?

Mais comment espérer qu'on reconnaisse le danger de ces écarts et qu'on songe à les réprimer, quand le système qui les produit et les fait préconiser est encore en faveur ?

Rien n'est désespérant comme les idées mises en avant par les orateurs qui, dans la discussion sur Alger, se posaient à la tribune de la chambre en partisans de la colonie, tandis qu'en fait ils ne défendaient que le système qui l'a ruinée jusqu'à ce moment.

L'un a vanté, comme un acte de haute et bonne politique, ces achats de terres et de maisons qui ont fait passer les immeubles des agricoles dans les mains de l'intrigue, sans que les propriétaires en aient reçu le prix. Il avait donc oublié la chaleureuse indignation avec laquelle les commissaires envoyés en Afrique avaient flétri ces manœuvres ?

Un autre orateur n'a pas été mieux inspiré dans l'opinion émise à l'occasion de l'accroissement des maladies et de la mortalité parmi nos soldats, par suite du manque de matelas. On avait trouvé dans les magasins de la régence des laines en quantités suffisantes, pour fournir toute l'armée de cet article essentiel sur le sol d'Alger.

L'esprit fiscal de l'administration venue avec M. le général Clausel fit évanouir, pour de faibles rentrées, ces immenses ressources, et fut la cause première de cette hideuse exaction, dite l'*affaire des laines*, qui eut lieu sous le gouvernement du duc de Rovigo.

C'est en ne tenant aucun compte des faits établis jusqu'à l'évidence ; c'est en revenant sans cesse sur des assertions confondues par des preuves contraires ; c'est enfin en affectant une confiance, qui ne peut être sincère ou qui serait bien aveugle, dans des récits mille fois démentis, qu'on intervertit les rôles, qu'on brouille la matière , et que l'on éloigne toute solution possible des questions les plus simples.

M. Clausel et ses adhérents ont eu le fatal talent de créer cette confusion. Il serait trop long, il serait fastidieux, de reprendre une à une, pour les réfuter, ces promesses, ces récits, ces comptes rendus, qui ne résisteraient pas une minute à un examen sérieux, si de nombreux témoins que a crainte paralyse osaient élever la voix.

A défaut de ces témoignages, qu'on n'oserait invoquer en ce moment, je vais aborder les parties les plus graves de la situation d'Alger en ce moment, fin de juin, et, par le simple rapprochement des faits, mettre le public en position de se faire lui-même une opinion sur ce qui se passe en Afrique.

Il y avait déjà cinq ans que M. le maréchal Clausel était présenté à la France comme possédant seul le secret de la colonisation, lorsque le gouvernement, de guerre lasse et non d'après des convictions faites, céda au torrent de l'opinion en adoptant ce nom.

Je ne pus cacher mon étonnement, sur cette faiblesse, à diverses personnes de positions et d'opinions différentes ; les réponses, sans être concertées, furent unanimes. « Ce » choix était devenu nécessaire. C'est un dernier essai dont » on n'attend qu'un résultat. De nouvelles erreurs auront » bientôt fait justice de l'élu. L'enthousiasme actuel qui » n'a aucune base raisonnable, se changera plus tard en » dégoût ; et alors l'opinion ira au-devant d'un nouveau » choix, contre lequel on se soulèverait aujourd'hui. »

J'étais pleinement de l'avis de cette conclusion, mais je ne pus m'empêcher de gémir de la fatale condescendance qui reculait encore d'une année la régénération d'Alger, et

5

de frissonner à la pensée des innombrables victimes que ce délai allait créer.

J'avoue cependant que mes craintes, en ce dernier sens, n'allaient pas au point où les réalités ont été poussées.

Voilà pour la seconde fois M. le maréchal Clausel maître absolu des destinées coloniales, et cette fois avec une latitude d'action d'autant plus étendue, que la niaise opinion publique semblait se rendre plus volontiers complice du mépris qu'il faisait de ses instructions primitives, et plus tard des ordres du gouvernement.

Il allait encore plus loin, cet aveuglement inouï, dans un temps où les esprits semblent plus éclairés. On gémissait de ce que l'*homme-colonie* n'était pas dans une indépendance absolue ; on s'indignait des légers liens qui signalaient encore une ombre de subordination : *Qu'il soit maître absolu*, s'écriait-on, *et tout sera pour le mieux.*

Voyons comment cette tendance aveugle a été justifiée.

Les premiers moments du second proconsulat de M. le maréchal Clausel ont été marqués par l'abattement et le découragement des indigènes des villes, qui avaient respiré sous l'administration équitable de M. le comte d'Erlon, et qui se sont vus de nouveau livrés à l'arbitraire des Gernon, des Jussuf, et autres satellites, dont ils connaissaient déjà la perfidie et la vénalité.

Les mêmes causes agissaient différemment sur les hommes des champs, dont le genre de vie et la nature du sol favorisent la résistance. Ceux-ci, avertis par le passé, se sont attendus à d'incessantes attaques, et se sont préparés à soutenir les hostilités qu'ils prévoyaient.

L'impression de l'arrivée de M. Clausel a présenté une troisième nuance. Les colons se sont réjouis, et par leurs clameurs, que les indigènes réduits au silence n'ont pu balancer, ils ont exprimé un enthousiasme factice que des échos complaisants de l'intérieur se sont laissés aller à reproduire.

Ces derniers seuls se sont trompés dans leurs prévisions. Les habitants des villes ont vu justifier leurs craintes, ceux de la campagne ont dû s'applaudir de s'être préparés aux combats; mais la colonisation, loin de faire des progrès réels, a rétrogradé de toute l'étendue acquise par l'irritation toujours croissante des indigènes.

Il ne pouvait en être autrement. M. le maréchal Clausel, pendant son séjour en France, n'avait pas modifié ses projets. Il était encore ce que je l'avais vu à son début à Alger, en 1830, l'homme imbus des pernicieux principes qui ont fait de Saint-Domingue un champ de carnage et de dévastation, et privé la France de cette importante possession.

Ne connaissant que la puissance du sabre, et incapable de comprendre d'autre mode de gouvernement que la violence dans l'autorité et une obéissance passive dans l'administré, toutes ses pensées se sont nourries de cette double erreur, sans que les plus rudes leçons les aient atténuées.

Suivez-le dans sa marche, et ces tendances vous seront démontrées.

La colonie n'ayant qu'une assiette équivoque, et sans cesse troublée dans ses bases actuelles, au lieu de s'occuper d'abord à la raffermir, il ne songe qu'à la rendre plus vulnérable en l'étendant.

Il pense à établir des beys à Churchil, à Médeah, à Méliana : il n'y peut parvenir sur ce dernier point, et ses élus ne peuvent se soutenir dans les deux premiers.

Ces tentatives manquées furent les actes les plus saillants des quatre premiers mois de son retour à Alger. Alors il devenait pressant de masquer ces échecs et de soutenir, même chez ses partisans, un enthousiasme qui s'affaiblissait visiblement. Il y avait loin en effet de cette résistance des Arabes, à laquelle il fallait céder, à ce propos imprudent par lequel M. le maréchal Clausel avait signalé sa seconde apparition à Alger, quand, en débarquant sur le port, il avait dit à la multitude : *Avant deux mois les Hadjoutes auront cessé d'exister.* Ils sont plus déterminés et plus hostiles que jamais.

Ce fut alors, il faut bien le répéter, qu'il fut question d'aller venger l'affront de la Machta.

Les 10,000 hommes de renfort et l'artillerie demandés par lui, devaient être la dernière concession hors des prévisions d'un énorme budget.

Nous avons déjà vu ce qu'il arriva de l'expédition de Mascara et de celle de Tlémecen, qui en fut en quelque sorte le complément, et puis encore de la pointe sur Médeah, dernier acte de cette seconde apparition à Alger, toujours avec la pensée dominante d'établir partout des beys sans consistance, et que les indigènes repoussent de toutes leurs forces. Voyons quelle position M. Clausel a faite à la France à la suite de toutes ces irruptions dans l'intérieur du pays.

Il a dit, dans les journaux, que les positions de l'armée d'occupation étaient mal assises. Tout le monde en conviendra. Mais à qui la faute ?

A l'ouest, aussi longtemps qu'on s'est appuyé sur Oran, Arzew et Mostaganem, qui embrassent une étendue de 25 lieues, on a eu une base d'opération, les alliés devant soi, les ennemis en face de ceux-ci.

Depuis qu'on a occupé l'île de Rasgoum, le camp de la Taffna et le méchouar de Tlémecen, il n'y a plus eu d'unité. L'ennemi peut s'interposer entre Oran et la Taffna, et entre le camp sur cette rivière et Tlémecen. Il peut cou-

per toutes les communications, choisir les moments pro-
pices pour ses attaques, et conserver toute facilité de retraite vers l'intérieur du pays.

Je le demande aux plus chauds partisans de ces folles
dispositions, peut-on apercevoir un avantage quelconque
pour la France, et quelque chose de favorable à la colonisation, à tenir ainsi une ligne de près de 50 lieues d'étendue, par six postes privés de communication entre eux?

Quelle est notre attitude dans cette partie du territoire
d'Alger? On se maintient dans ces places, parce qu'il est
impossible aux Arabes d'enlever même une simple bico-
que avec des meurtrières. On y est sans cesse sur le *qui
vive;* on n'en peut sortir qu'en force, et il faut encore veiller
sur la sûreté d'alliés vulnérables en tout temps, car ils ne
sont pas à couvert par des murailles, et ils ont des champs
qu'on peut ravager, des bestiaux dont l'ennemi sait les
débarrasser.

Cette dernière obligation est malheureusement devenue
bien légère depuis les événements de la Taffna.

Les Douaires et les Smélas, nos fidèles et constants alliés, avaient leurs guerriers auprès du général d'Arlange.
Abdel-Kader a profité de leur absence pour faire attaquer
ces tribus rebelles à ses sollicitations. Tous les hommes
non combattants ont été égorgés, et cent vingt femmes et
les troupeaux sont tombés au pouvoir des Arabes. Ce qui
reste de ces tribus s'est réfugié dans nos lignes, où les
guerriers de la Taffna sont venus les rejoindre par mer.
Nous portons malheur à ceux qui se dévouent pour nous.

Si de l'ouest on passe au centre colonial, on trouve tout
hostile autour d'Alger, et une population indigène dans les
murs de cette ville, qui ronge son frein sans oser murmurer
tout haut, contenue qu'elle est par la force des baïonnettes.
Mais qui sait ce qui se passe dans ces cœurs ulcérés, et

qu'une police livrée à une homme réprouvé même parmi les Européens vexe par les moyens les plus odieux?

Là, dans Alger, la plupart des colons, mus par l'intérêt privé, ne songent qu'aux moyens de tromper la France sur la véritable situation du pays. Une vingtaine d'individus se font les organes de la population entière, et propagent en Europe les bruits les plus mensongers.

Cependant les faits donnent des démentis continuels à leurs assertions. On voyage, disent-ils, librement dans un rayon très-étendu. Et le village d'Ibrahim, situé à une lieue des fortifications de la ville, est ravagé en plein jour par des Arabes; et des colons sont enlevés une lieue plus loin, et les troupeaux du gouvernement disparaissent une belle nuit, et l'état-major ne cesse de réitérer ses défenses de circuler sans la protection des escortes !

Les Hadjoutes harcèlent continuellement le camp de Buffurick; le lieutenant d'Abdel-Kader domine toutes les tribus des environs, dont il est vénéré en sa qualité de marabout. Il est toujours prêt, avec la foule de guerriers dont il dispose, à profiter de toutes les chances qui peuvent se présenter. C'est lui qui a empêché M. le maréchal Clausel, bien qu'accompagné de 9 à 10,000 hommes avec du canon, d'aller à Méliana installer un bey, et qui a enlevé le bey et le dépôt d'armes et de munitions établi à Médeah.

Plus à l'est, on connaît la triste situation de Bouggie, où une garnison affaiblie par les maladies lutte jour et nuit contre des attaques incessantes, et ne vit que des approvisionnements qu'on lui fait parvenir par mer.

Quant à l'est de la régence, les intérêts de la France y sont sacrifiés à ceux de M. Jussuf. Si, par hasard, cet aventurier réussissait à aller à Constantine, ce ne serait qu'un surcroît de frais et d'embarras gagné à ce succès.

Mais déjà on doit être revenu des illusions que l'on s'était faites sur la puissance de ses moyens. Ceux qu'il est parvenu à réunir pourront lui servir à commettre des déprédations, à charmer les cœurs corrompus que rejouit la vue des têtes coupées sur les amis comme sur les ennemis, et à rendre horrible le nom français en Afrique.

Les conséquences les plus vraisemblables de l'absurde système dans lequel on persiste, seront de faire cesser la bonne harmonie, et peut-être d'amener une rupture avec Tunis, avec la Porte, avec Maroc.

Tels m'apparaissent les résultats de la seconde période du gouvernement de M. le maréchal Clausel en Afrique. Que d'autres louent son talent, ses lumières, son génie colonisateur ; que les colons le nomment *l'homme-colonie ;* que des écrivains s'associent, par une molle déférence, aux jongleries par lesquelles on fausse l'opinion publique : tout cela ne fera pas que les faits que je viens d'exposer ne soient, dans leur ensemble matériel, à l'abri de toute dénégation.

M. le maréchal Clausel a des manies de plus d'un genre. Les unes sont indifférentes pour le public; les autres ont une portée qui leur donne une teinte au moins fâcheuse.

Il tient beaucoup, par exemple, à imiter l'empereur. Que ne le fait-il dans les choses qui ont créé cette grande renommée? En attendant, il lui a plu de comparer l'échauffourée du col de Ténia, où trois ou quatre mille hommes étaient engagés à la mémorable bataille des Pyramides, et de faire entrer dans son bulletin les expressions caractéristiques de l'époque et des lieux où celle-ci fut donnée.

L'empereur avait un mameluck : M. le maréchal a voulu en avoir un, et ce fut M. Jussuf qui débuta, dans sa faveur, par cet emploi.

Enfin on a vu, dans la campagne de Mascara, des or-

dres du jour datés de chaumières inconnues, et qui peut-
être n'existaient plus le lendemain. Imitation puérile de
l'illustration donnée aux noms les plus obscurs, par les
faits les plus éclatants des temps modernes. Il n'y a rien
que de très-innocent dans ces fantaisies ; elles ne peuvent
nuire au système colonial.

Je fais également facile composition de ces velléités d'a-
mour-propre, qui le conduisent à donner pour siennes des
idées qu'il a souvent rejetées avant d'en avoir reconnu
l'opportunité.

Mais je condamne ouvertement ce système de dénigre-
ment qu'il exploite avec tant d'adresse contre tous ceux
qui lui font ombrage ou le contrarient dans ses vues. Il l'a
exercé contre moi, faible adversaire, à qui il lui était facile de causer un tort personnel. Mais il l'a dirigé aussi
contre MM. Berthezène et d'Erlon, et cette guerre sourde
a eu de plus fâcheuses conséquences.

C'est aujourd'hui M. le général Bugeaud qui est le point
de mire de ses attaques. Il aura d'autant plus beau jeu
à faire agréer les notes qu'il décoche contre ce débutant
en Afrique, que les journaux à qui il les envoie croiront
d'autant mieux servir leur opinion, qu'ils se montreront
plus hostiles à ce général.

Je n'ai point l'honneur de connaître M. Bugeaud ; je ne
marche pas dans sa ligne, et ce ne serait pas à moi qu'il
s'adresserait, s'il avait besoin d'être défendu.

Mais sa cause, en ce moment, est celle de tous les hommes qui peuvent recevoir des missions pour l'Afrique, sans
que l'on ait pris l'avis préalable de M. le maréchal Clausel.
La conquête d'Alger a-t-elle donc été faite pour lui ? lui
a-t-on inféodé le territoire ?

Il est, tout au moins, bien singulier de voir blâmer des
opérations qu'on ne connaît point encore, par celui qui a

consumé six années à introduire la confusion dans ces parages.

Il y a quelque chose d'inusité, entre des gens de bonne foi, dans cette tactique de faire dire, écrire et publier ce qu'on n'ose avouer, et de se réserver par là les moyens de démentir ou de confirmer suivant les besoins des circonstances.

Je m'élève encore, et j'aurai de l'écho, contre ce manque de délicatesse qui pousse M. le maréchal Clausel à affaiblir les services de ses subordonnés, pour élever sa propre gloire. Il fait vanter ses opérations stratégiques en Afrique, et repéter que les Arabes frémissent de crainte à la seule idée qu'il marche en personne contre eux.

Il y a longtemps que j'ai renoncé à l'étude de l'art militaire; mais, lorsque je m'en occupais encore, j'avais recueilli, sous d'excellents maîtres, en Orient, des notions précieuses sur les guerres avec des peuples sans instruction, sans discipline régulière et sans tactique; et tout ce que j'ai vu, entendu ou lu sur les opérations qui s'exécutent depuis six ans, en Afrique, ne m'ont point fait dévier de mes vieilles convictions.

En jugeant avec sang-froid et impartialité les opérations militaires de M. Clausel, sur le sol de l'ex-régence, je le vois toujours marcher à l'ennemi avec des forces considérables et beaucoup d'artillerie. Ainsi, il alla en 1830, à Médeah, avec cinq ou six mille hommes; en 1835, à Mascara, avec près de dix mille; en 1836, à Tlémecen encore, avec cinq ou six; à Médeah, avec neuf mille.

Partout je le vois occuper, pendant quelques heures, les villes qu'il a voulu visiter, et toujours revenir précipitamment au point de départ, harcelé par l'ennemi, qui lui fait éprouver des pertes; car nos retraites encouragent les Arabes, qui les prennent pour des fuites.

Après le départ de M. le maréchal Clausel de ces lieux momentanément occupés, il ne reste plus d'autre trace de son apparition que le plus ou moins de dégât éprouvé par les habitants.

Je conçois que les Arabes tremblent au seul bruit de ses expéditions, parce qu'il marche toujours bien accompagné, et qu'il y a dans ce peuple cet instinct qui lui fait sentir qu'il ne peut et ne doit pas chercher à affronter les gros bataillons flanqués de canon.

Il n'en est pas de même quand ils ont affaire aux simples généraux chargés de faire des pointes dans l'intérieur, avec de faibles colonnes. Les Arabes se ruent sur celles-ci avec plus de confiance.

Aussi je n'hésite point à placer au-dessus des grandes expéditions citées ci-dessus et exécutées avec d'immenses moyens, les petites campagnes dirigées par de simples généraux.

Il me semble qu'il y a plus à louer dans cette mission du général (alors colonel) de Létang, où il sauva son infanterie harassée, en faisant prendre les fusils des soldats à ses chasseurs, moins affaiblis par la fatigue.

La vigoureuse résolution du général Trézel, à la Machta, qui sauva sa petite colonne, me paraît également très-honorable pour ce chef. Il avait moins de 2,000 hommes, contre le plus grand rassemblement qu'ait eu Abdel-Kader. S'il en avait eu le double, ce revers eût tourné en un succès éclatant.

Le général qui commande en chef, disposant de toutes les ressources, fait toujours sa part excellente, et ne doit pas trouver extraordinaire qu'on attende beaucoup de lui, parce qu'on sait qu'il s'est assuré tous les moyens de succès.

Napoléon a été plus grand en Italie, où le directoire

était parcimonieux à son égard, et en Champagne, où il ne commandait plus que des débris, que lorsque, à l'apogée de sa puissance, il traînait l'Europe à sa suite et ne redoutait aucune responsabilité.

Au surplus, je condamne toutes ces marches dans l'intérieur du pays, comme affaiblissant inutilement l'armée, créant et accroissant l'irritation des esprits, et annulant toute possibilite de colonisation.

Elles aguerrissent le soldat, dit-on, et le forment à la guerre? Oui, de guérillas; et encore ce sont vos spahis qui sont le plus souvent engagés quand on va en avant, et vos soldats de ligne ne sont exposés que dans les retraites.

Et d'ailleurs sont-ce là les guerres d'Europe? y est-on exposé à rester immobile devant des feux qui vous foudroient? y apprend-on à manœuvrer sous les effets meurtriers de l'artillerie, et à charger sur des masses qui vous attendent?

Les soldats des vingt-cinq glorieuses années des guerres de la révolution n'avaient pas eu besoin d'aller se former contre les bédouins, et ils furent bientôt aguerris contre les guérillas de la Péninsule.

Il faut convenir que cette considération est un pauvre moyen de justifier ces courses qui n'aboutissent à rien. Après quelques ravages des terres des vaincus, l'incendie de quelques chaumières, l'enlèvement de bestiaux, et depuis peu celui de femmes et d'enfants, on revient bien vite au gîte que l'on a quitté, pour rédiger le bulletin obligé. Ce bulletin, de la viande fraîche dans le pot-au-feu et des blessés à soigner, c'est tout ce qui reste de chacune de ces expéditions.

Il paraîtrait, mais j'aime à en douter, que depuis quelque temps on rapporte aussi des têtes.

Ces réflexions ne tendent point à diminuer en rien la

gloire de nos troupes ; mais quel dommage qu il soit faitun si triste usage de leur bravoure et de leur constance à endurer et fatigues et privations ! C est contre le système qui donne une si fausse impulsion à ces vertus, qu'on ne saurait trop s'élever.

Abdel-Kader joue un rôle tellement important dans la lutte que la France soutient aujourd'hui en Afrique, qu'on me permettra de revenir avec quelques détails sur ce qui le concerne.

On sait que fils de marabout, et marabout lui–même , il était un des personnages les plus considérables de la province d'Oran.

Il est âgé d'environ trente ans ; sa constitution est forte , son âme inébranlable et son esprit fécond en ressources.

Malgré ces avantages naturels, le préjugé religieux et sa haute situation sociale, il n'a dû la consistance qu'il a acquise qu'à ses liaisons avec les autorités françaises.

Dans leur début, elles créaient des défiances parmi ses voisins ; depuis ses ruptures éclatantes et son succès à la Machta, elles ont fondé sa puissance.

Loin que les expéditions de Mascara et de Tlémecen aient affaibli son influence, elles ont au contraire servi à la consolider.

Les indigènes sont bien éloignés d'avoir admis , comme on a essayé de le persuader à la France, qu'il avait éprouvé des revers dans ces deux campagnes. Il en est sorti au contraire avec l'honneur d'avoir combattu, sans désavantage et à pertes égales, contre le *grand* général , tandis que jusqu'alors il n'avait eu affaire qu'à ses lieutenants.

Et comme les résultats ont été nuls pour nous, et que nos alliés et les neutres , loin d'avoir été bien traités , ont vu leurs maisons incendiées à Mascara , leur or et leurs bijoux enlevés à Tlémecen, et les Douaires et les Smélas leur existence ruinée, Abdel–Kader n'a pas eu de peine à leur peindre comme mensongères les promesses des Français.

Nous n'avons plus d'alliés dans l'ouest, et, comme on l'a vu plus haut, les deux seules tribus, les Douaires et les Smélas, fidèles de tout temps à notre alliance, n'offrent plus aujourd hui que de malheureux restes à notre charge.

C'est dans cet état qu'on remet le commandement de l'ouest à M. le général Bugeaud avec 7 à 8,000 hommes, sacrifice bien supérieur à ce que la France devait à cette partie de la colonie. Mais que sont ces moyens à côté des exigences de sa position ?

Il doit défendre un littoral de cinquante lieues et plus d'étendue, en partant de Mostaganem et remontant à Tlémecen.

Six points fortifiés sont occupés dans cette ligne, et espacés à des distances qui les empêchent de se prêter mutuellement appui. Il faut les protéger, les apprivisionner, les nourrir, car ils ne recevront rien ou peu de chose des indigènes, et l'eau même doit être fournie à Rasgoum. Il est vrai que la mer nous appartient.

M. le général Bugeaud doit faire face, sur toute cette étendue de côtes, à Abdel–Kader, qu'il est aussi dans ses instructions de punir et de mettre hors d'état de nuire; mais laissons de côté cette dernière exigence, qui est au moins intempestive, et abordons directement la difficulté.

L'un des deux adversaires, le général français, a 7 à 8,000 hommes sous ses ordres ; il ne peut guère en mettre plus de 5,000 en campagne. Dans ce nombre il y a tout au plus, auxiliaires compris, 7 à 800 hommes de cavalerie.

Il faut qu'il marche en masse, et il a trop peu de cavalerie pour en détacher à de grandes distances.

Abdel–Kader n'a que 2 à 300 affidés qui composent sa

maison, et qu'il entretient constamment. Mais il a pour auxiliaires tous les Arabes de l'ouest, et au besoin, quoi qu'on fasse et dise, tous les aventuriers de Maroc, à une assez grande portée des frontières, que l'attrait du pillage et la haine du nom chrétien lui rallieront toujours au premier appel.

Les autorités de Maroc, en les supposant même de la meilleure foi, ne peuvent empêcher l'homme qui a un fusil et un yatagan d'aller chercher fortune partout où une chance de butin s'ouvre à ses yeux.

Supposons M. le général Bugeaud et sa colonne sur la route de la Tafna à Tlémecen, ou même parvenu dans cette ville.

Abdel-Kader l'a talonné dans sa marche avec un rassemblement que je ne porterai qu'à 3 ou 4,000 hommes, car ce chef est sobre de réquisitions. Ses volontaires ne sont pas payés : ils se fournissent de vivres et de munitions, et ils quittent l'armée dès que ces approvisionnements sont épuisés.

Il ne les appelle donc à lui que successivement, afin de faire remplacer ceux qui s'en vont par de nouveaux venus, et d'en avoir toujours à peu près un même nombre dans son camp. D'ailleurs, avec sa manière de faire la guerre, le trop grand nombre est un embarras.

Pendant que les adversaires sont ainsi en présence, un autre projet naît dans l'esprit de l'émir ; c'est à Mostaganem, à l'autre extrémité de notre ligne qu'il doit recevoir son execution. Vous croyez qu'il va abandonner les Français et leur donner ainsi l'envie de le suivre?

Il laisse un de ses lieutenants continuer les hostilités, et il court de sa personne avec un petit nombre de ses affidés vers l'autre point, où il a convoqué des Arabes de ce quartier, qui vont lui former une nouvelle troupe.

Ainsi l'émir peut opérer partout où il le juge convenable, en se servant des auxiliaires des localités les plus voisines ; tandis que le général français ne peut employer à toutes ses opérations que les mêmes troupes, dont les mouvements sont nécessairement subordonnés à des embarras de localité que les Arabes ne connaissent pas.

Les prôneurs coloniaux , uniquement occupés à justifier les bévues qui signalent l'ignorance profonde de l'autorité à Alger, et qui ont aussi mission de trouver des excuses aux erreurs grossières qui font échouer les mesures de cette administration , ont souvent mis en avant des défenses qui ne seraient que niaises, si elles n'étaient perfides.

Ils ont prétendu que toutes les paroles prononcées à Paris, sur la question d'Alger , avaient du retentissement en Afrique ; que les maures d'Alger avertissaient les Arabes, et surtout Abdel-Kader, de tous les projets des Français ; ils ont soutenu enfin que ce chef avait des agents dans Paris.

M. le président du conseil s'est spirituellement joué de ces bonnes gens, qui avaient leurs représentants dans la chambre, lorsqu'il a dit : qu'en effet Abdel-Kader *avait ses agents dans la capitale, et qu'il les connaissait.*

La plaisanterie était de bon goût vis-à-vis d'hommes qui vivent d'illusions, comme ces prôneurs à titre d'office, si consciencieux à gagner l'argent , les places et la part au butin qu'on leur accorde pour mentir à l'année.

Que tout ce qu'on dit à Paris ait du retentissement à Alger, rien de plus facile à concevoir ; les journaux et une foule de lettres partent avec chaque courrier de France pour cette ville. Les indigènes sont et ont le droit d'être curieux ; d'apprendre tout ce qui peut les intéresser, et les militaires et les colons ne sont pas assez discrets pour ne pas leur raconter tout ce qu'ils savent eux-mêmes.

Si cette publicité est un mal, il est sans remède.

Quant aux renseignements que les Maures pourraient faire passer aux Arabes, relativement aux projets des autorités françaises, ce serait plus sérieux, si la chose était possible.

Mais d'abord il faudrait admettre une bien étrange légèreté dans les chefs français, s'ils publiaient leurs vues secrètes, et si, lorsqu'ils projettent une surprise, ils allaient en prévenir les curieux. Le reproche, s'il est fondé, devrait donc atteindre l'autorité, avant de pouvoir être adressé aux particuliers.

A l'égard d'Abdel-Kader, l'accusation dirigée contre les Maures ne peut même pas supporter l'examen. Ce n'est pas d'Alger qu'on dirige les opérations contre l'émir; c'est d'Oran. Comment pourrait-on les lui faire connaître de la première de ces villes, qui est à près de quatre-vingts lieues dans l'est?

Tout cela, je le répète, ne ferait que pitié, si la malveillance qui conseille tant d'inepties, n'était aussi évidente qu'elle l'est.

Nous entrons heureusement dans une ère nouvelle, où le charlatanisme devra chercher un nouveau terrain s'il veut survivre aux coups vigoureux qui lui sont journellement portés.

Aussi longtemps que la question de la conservation a été agitée, M. le maréchal Clausel, qui s'était déclaré le champion de la possession, réunissait les suffrages de tous les partisans de cette mesure, et c'était la grande majorité des Français.

On ne voyait de lui que cette volonté prononcée; on y applaudissait, on la soutenait, et l'on s'interdisait tout examen critique de son administration.

Aujourd'hui les inquiétudes sont dissipées. On sait qu'on

garde Alger, et l'on va enfin comprendre que la possession, sans une judicieuse exploitation, serait une déception inexcusable.

M. le maréchal Clausel ne peut plus être jugé que dans ses rapports avec cette nouvelle nécessité.

QUATRIÈME PARTIE.

La grande conspiration des Maurès.

––––––––––

J'arrive au fait qui m'a forcé à rendre public le précis qui précède. Qu'on me permette un rapprochement qui peint au vrai la situation.

Pendant la retraite de Moscou, un soldat exténué de fatigue et de faim vit tomber un cheval que les mêmes causes rendaient incapable de faire un pas de plus.

Il s'en approche, dégaîne son sabre, et le plonge dans les parties charnues du noble animal, pour en arracher un aliment qui serve à prolonger ses jours.

La douleur rend de la sensibilité au cheval; il fait un mouvement que le soldat entend contenir par ces monosyllabes en usage dans le pansage, quand le jeu de la brosse ou de l'étrille est trop vif : *Tout beau, tout beau là!* Le cheval n'en tient compte; alors le soldat entre en fureur, s'indigne de la résistance, et fait pleuvoir les coups sur sa victime.

Ce cheval me représente les indigènes d'Alger, et le soldat les oppresseurs qui les exploitent, avec la seule différence que ce n'est pas la faim qui!excite ceux—ci, mais bien la plus hideuse cupidité. On s'indigne de ce que ces malheureux ont le sentiment du mal qu'on leur fait ; leurs plaintes irritent et deviennent criminelles.

Comment! vous êtes venus chez ces Maures en amis, en liberateurs ; ils ont eu foi en vos promesses ; ils ne se sont pas levés contre vous à la voix de leur chef ; et pour prix de cette résistance qui a facilité vos triomphes, et en dépit de vos engagements, vous les pillez, vous les torturez, vous insultez à tout ce qu'ils ont de sacré, leurs cultes, leurs fondations pieuses, les sépultures de leurs pères, etc., et vous trouvez étonnant qu'ils vous détestent !

De nouvelles, de récentes injustices comblent la mesure de ces iniquités. Dans leur désespoir, ils adressent d'humbles plaintes au gouvernement du roi. Et cette démarche, si naturelle, si légale, que tout honnête homme leur eût conseillée, au lieu de vous faire rentrer en vous-mêmes, n'excite en vous qu'un redoublement de rage !

Vous les frappez dans la personne de leurs notables. On arrache ceux-ci à leurs affaires, à leurs familles, on les déporte. On les confinera dans des lieux d'où il leur sera impossible d'élever la voix vers une autorité protectrice, d'implorer l'appui des lois et le secours de l'opinion !

Tous vos soins seront inutiles, la fourberie n'a qu'un temps. On vous jugera bientôt comme vous méritez de l'être, et la France n'apprendra pas sans une juste indignation, à quel degré d'avilissement on prétend la faire descendre en Afrique.

C'est au nom de M. le maréchal Clausel qu'a été porté l'arrêté qui destitue le vénérable Mustapha-Pacha des fonctions d'adjoint du maire, acceptées par lui à la prière des habitants, pour avoir signé le premier la requête au roi contre l'arrestation de ses concitoyens.

On avait prétendu rendre responsables ceux-ci d'un acte des bédouins, dont ils auraient tout à redouter s'ils tombaient dans leurs mains.

Mustapha avait prévenu sa destitution en résignant sa place.

Après la destitution de ce fils du dey, prononcée sur ce bizarre prétexte, il fallait d'autres motifs à de plus criantes injustices.

On imagine une conspiration. On a vu que ce moyen n'était pas nouveau parmi les familiers de l'inquisition d'Alger. On en place le foyer dans cette ville, et les ramifications à Paris.

Il faut des preuves? On annonce des lettres interceptées, sauf à en fabriquer pour les besoins de la cause.

On ne conspire point sans argent? On suppose que les indigènes, réduits à la misère, se cotisent pour faire des envois de fonds, à l'effet d'étendre la séduction dans les bureaux du gouvernement et dans les feuilles publiques.

En vérité, tout le génie du mal mis à contribution ne pourrait produire de plus perfides et en même temps de plus ineptes combinaisons. Il faut qu'un bandeau bien épais couvre les yeux de ceux qui ont pu croire à une fable aussi mal ourdie.

N'est-il pas ridicule au dernier degré d'admettre que quelques Algériens obscurs, isolés, sans consistance, aient pu espérer de changer les vues, les convictions, les projets du gouvernement sur l'avenir de leur pays?

Par qui a-t-on prétendu qu'ils étaient représentés à Paris pour la conduite de ce vaste projet.

Depuis le départ pour Alger de M. le comte d'Erlon, en 1834, il n'existait qu'un seul Algérien à Paris : c'était Sidi-Humbden Ben Coggia, neveu de l'ancien directeur de la monnaie de la régence, tout occupé d'un procès pendant devant le conseil d'état.

Ce brave homme luttait contre une méprise qui le ruine, ainsi que ses neveux et pupilles ; il ne vivait que pour son affaire.

On savait, et il disait à qui voulait l'entendre depuis un an, que, s'il perdait sa cause, il fuirait à jamais une terre dont la justice était bannie, et qu'il irait se fixer en Turquie avec sa famille, formant une masse de trente-trois individus.

Déjà un de ses fils était entré au service du sultan, aux frais duquel il est élevé dans l'institution Barbet, faubourg Saint-Jacques.

Il venait d'obtenir la même faveur pour un de ses neveux, jeune homme de quinze ans, arrivé à Paris, il y a deux mois, sous la conduite de son frère aîné, que Sidi-Hambden avait appelé pour lui donner des instructions relativement à la vente de ses propriétés en Afrique et la transmigration de sa famille à Constantinople. C'est ce maure, dont les feuilles du 20 juin ont annoncé l'arrestation à son retour à Alger. En violant ses papiers, on aura pu se convaincre de l'efficacité des moyens employés dans nos nouvelles possessions pour rallier les esprits à la France.

Quant à Sidi-Humbden, il a quitté Paris il y a près de deux mois, immédiatement après la décision qui sanctionnait sa ruine.

Il faut convenir que c'est un singulier chef de conspiration, que ce vieillard méditant, depuis un an, les moyens de quitter à tout jamais le pays qu'on l'accuse de vouloir troubler, et exécutant cette résolution à l'époque fixée au su de toutes ses connaissances.

Observons qu'il était déjà loin, quand le bruit du prétendu complot s'est fait jour. Notez encore qu'on a écrit d'Alger que les ordres d'arrestations, exécutées dans cette ville, étaient partis de Paris.

Comment, c'est là-bas qu'on découvre, à moins qu'on ne l'ait imaginée ici, cette conspiration si redoutable ; c'est d'Alger que partent les avis qui informent Abdel-Kader de toutes les résolutions de l'autorité française ; c'est dans cette ville qu'on découvre les menées des conjurés, et qu'on intercepte les correspondances chiffrées qui les révèlent, et c'est de Paris que les mesures de prévoyance sont dictées!

Mais, en cas pareil, on court au plus pressé, et l'on commence, dès que l'on a des preuves en main, par se saisir des coupables, pour qu'ils ne puissent échapper à la vindicte publique, et pour en obtenir des révélations.

La précaution de demander des instructions à Paris, avant d'agir, prouverait d'abord que le danger n'était pas pressant, ni la trame bien réelle, et surabondamment qu'on a été bien aise de savoir d'avance jusqu'où l'on devait pousser cette hideuse intrigue.

Les insinuations sur l'envoi des fonds par les indigènes, dans l'objet de répandre la séduction dans les bureaux et dans les journaux, est tout aussi perfide et ne supporte pas davantage le moindre examen.

Depuis la conquête, cinq Algériens ayant quelque consistance sont venus à Paris. Ce sont Sidi-Hambden Ben Coggia, Mustapha-Pacha, Hamid Bouderba, Hambden dit l'aga et Ben Omar.

Les quatre derniers ont servi la France; Ben Omar est
encore employé. Hambden aga est mort.

Après un séjour plus ou moins long à Paris, quatre ont dû
recourir à la munificence du gouvernement, et n'ont pu
regagner leur pays, qu'au moyen des secours qu'on leur a
donnés.

Sidi–Hambden seul, qui passait pour riche, sous le gouvernement du dey, et avant la spoliation qu'il a éprouvée,
n'était venu que pour réclamer des restitutions. Il s'est
tellement épuisé dans les frais qu'il a eu à faire, qu'il n'a
pu quitter Paris pour se rendre à Constantinople, qu'au
moyen d'emprunts faits à des particuliers : et ces emprunts
n'ont pas été suffisants, car je lui connais trois dettes criardes
de 200 fr., 150 fr. et 45 francs, qu'il a promis de solder
par un mandat, peu de temps après son arrivée à sa destination.

Des hommes dignes de la plus juste estime peuvent se
joindre à moi pour attester ces détails. Croit-on de bonne
foi que, si Hambden avait reçu des fonds pour conspirer,
il n'eût pas prélevé ce qui lui eût été nécessaire pour faire
face à ces misères, lui, que ses propriétés à Alger mettaient
à portée de faire couvrir ses commettants?

On ne sait si l'odieux l'emporte sur l'absurde dans ces
trames honteuses. Je mets au défi le plus formel leurs auteurs de justifier en aucune manière le complot qu'ils ont
signalé, et je ne veux d'autre preuve du sentiment de leur
impuissance à cet égard, que la précaution prise, d'ôter
tout moyen de justification à leurs victimes, en les dépor-
tant à Bone, au lieu de les faire conduire en France.

Dieu sait s'il n'y a pas dans le choix de ce lieu une ar-
rière-pensée plus exécrable encore, d'après l'animosité que
leur porte le mameluck Jussuf.

Des lettres récentes d'Alger annoncent que les déportés

sont au secret dans des chambres séparées de la Casauba
de Bone. Ils peuvent se promener une heure chaque jour,
sous la surveillance de gendarmes, et l'on vient de leur
permettre de donner de leurs nouvelles à leur famille par
lettres ouvertes.

Ces lettres disent aussi que l'on compte sur l'interven-
tion de M. le duc d'Orléans en faveur de Mustapha-Pacha,
qui a eu l'honneur de le recevoir dans son hôtel à Alger.
Le prince lui a promis sa bienveillance, et, certes, ce brave
homme ne croyait pas alors avoir si promptement besoin d'y
recourir pour se défendre contre la plus audacieuse intrigue.

On dit encore qu'on compte sur les démarches de l'am-
bassadeur ottoman à Paris, relativement au fils et au neveu
de Sidi—Hambden, qui sont redevenus sujets du sultan.

Puisse ce concours de circonstances abréger la durée
d'une persécution, qu'on ne saurait concilier avec les principes de l'époque actuelle.

Je m'arrête; j'en ai assez dit pour faire connaître par
quel enchaînement de fautes, d'abus de pouvoir et d'erreurs propagées, tant aux yeux du gouvernement qu'à
ceux du public, la France s'est vu ravir les espérances
les mieux fondées.

Malgré l'audace des hommes dont j'ai peint les actions,
je ne crains pas d'être démenti sur aucun des faits que j'ai
exposés.

On essaiera, comme on est habitué à le faire, à se jeter
dans des dénégations indirectes. La France est trop éclai-
rée pour se contenter de divagations qui n'iraient pas
directement au fait.

Les accusations sont nettement posées; elles l'avaient
été, avant moi, par M. le général Berthezène et par Sidi-
Hambden : on éluda alors de s'expliquer.

Il y eut bien une tentative pour faire juger ce dernier à

Alger. La cour de cassation le couvrit de son égide, et M. le maréchal Clausel refusa de vider le débat devant le public de Paris.

Je ne forme qu'un désir, c'est que la prétendue conspiration maure soit portée en justice. On a voulu m'y rattacher indirectement, je solliciterai, dans ce cas, une accusation formelle.

J'ai en réserve des preuves suffisantes pour confondre jusqu'aux insinuations, et je puis indiquer où sont les connivences et les pièces qui peuvent confondre les accusateurs.

Quant à ma position personnelle, elle est très-embarrassée. J'en ai la première obligation à M. le maréchal Clausel, qui m'a sacrifié à ses vues et à ses intimes, avec lesquels, il est vrai, je n'aurais jamais concordé.

Il me manquait, en 1830, quatorze mois d'activité pour atteindre à trente ans effectifs de service et à la pension de retraite qui en serait la conséquence.

Mes services à l'occasion de l'expédition d'Alger, avant, pendant et après, me donnaient le droit de les faire dans ce pays. Quelques connaissances spéciales devaient appuyer ce droit. Tout cela n'a été d'aucun poids auprès de cet homme intègre.

Si je voulais faire valoir d'autres considérations en ma faveur, je les puiserais dans les dernières années de l'empire.

Dans l'intendance militaire des pays conquis et dans le domaine extraordinaire, j'ai créé et administré les plus grandes dotations. Tous les anciens maréchaux et ministres de l'empire et les principaux généraux de division de la grande armée peuvent dire avec quel bonheur et quel succès, j'ai géré leurs intérêts.

Comme membre et rapporteur du célèbre conseil spécial

de Hambourg pour l'exécution des décrets de Berlin et de Milan, j'ai contribué à faire rentrer près de cent millions dans les caisses de l'empire.

Comme directeur général de police pour le nord de l'empire, j'ai empêché la circulation des faux billets des trois principales banques de l'Europe, dont le centre de fabrication était dans Paris et l'émission appuyée par un ministre à portefeuille. J'ai maintenu, par de prudentes et énergiques combinaisons, la tranquillité dans mon vaste arrondissement, dépourvu de troupes pendant la campagne de Russie.

Enfin j'ai terminé ma carrière par sacrifier tout ce que je possédais au salut des restes de la grande armée, épars sur les routes de l'Allemagne. *Ne déplacez pas une chaise :* tel était l'ordre de l'Empereur.

Je perdis tout. J'ai été solennellement liquidé ; mon remboursement a été assigné sur les rentrées de Hambourg, auxquelles l'urgence des temps a fait donner une autre destination.

Je suis toujours en instance, avec l'attention d'éviter les déchéances. Quand serai-je payé ?

Je ne connais pas les services rendus à la France par M. le maréchal Clausel, ailleurs qu'à Alger, mais je suis bien assuré qu'il n'a pas fait preuve d'autant de dévouement et de désintéressement.

J'en appelle au public impartial.

Paris, ce 1er juillet 1836.

D'AUBIGNOSC.